浙江省首届三名工程"电子信息、智能楼宇"名师
及名师工作室成果

U0576136

海洋电子信息技术与应用

蔡江涛 ◎ 主编

Marine Electronic
Information Technology and Applications

浙江工商大学 出版社
ZHEJIANG GONGSHANG UNIVERSITY PRESS

图书在版编目(CIP)数据

海洋电子信息技术与应用 / 蔡江涛主编. —杭州：
浙江工商大学出版社，2024.5
ISBN 978-7-5178-5734-1

Ⅰ．①海… Ⅱ．①蔡… Ⅲ．①海洋学－电子信息－中
等专业学校－教材 Ⅳ．①G203

中国国家版本馆 CIP 数据核字(2023)第 179098 号

海洋电子信息技术与应用
HAIYANG DIANZI XINXI JISHU YU YINGYONG
蔡江涛 主编

责任编辑		厉　勇
责任校对		都青青
封面设计		胡　晨
责任印制		包建辉
出版发行		浙江工商大学出版社
		(杭州市教工路 198 号　邮政编码 310012)
		(E-mail:zjgsupress@163.com)
		(网址:http://www.zjgsupress.com)
		电话:0571-88904980,88831806(传真)
排　　版		杭州朝曦图文设计有限公司
印　　刷		杭州宏雅印刷有限公司
开　　本		787 mm×1092 mm　1/16
印　　张		8.25
字　　数		166 千
版 印 次		2024 年 5 月第 1 版　2024 年 5 月第 1 次印刷
书　　号		ISBN 978-7-5178-5734-1
定　　价		32.00 元

前 言

PREFACE

本书是中等职业技术学校海洋电子与信息技术专业系列教材之一,由一线教师结合大量教学实践编写而成。为适应现代职业教育的特点,体现职业教育"做中学,做中教"的理念,本书采用项目教学,通过现实可行的实训项目,将知识点贯穿于任务过程中。

本书有六个学习项目,每个项目均有项目目标,使学生明确项目学习的内容要求,目标明确,增强学习的针对性。每个项目都围绕学习任务组织教学,每个学习任务均按以下顺序有序展开:

◇ 任务情境:通过具体的船舶、港口及海洋元素等应用情境,引导学生进入项目知识的学习,激发学习兴趣。

◇ 任务准备:将项目基础知识等应知内容或应会技能进行归纳、解释或描述,突出学习的重点,为技能实操做好准备。

◇ 任务实施:通过大量图表展示完成任务的步骤,可操作性强,培养学生专业技能,渗透职业意识,提高职业能力。

◇ 任务评价:为学习效果的综合性评价提供参照,通过评价促进学生技能规范和学习习惯的养成,提高任务操作的效率,为建立过程性评价体系做好准备。

◇ 练习与思考:通过课上或课下练习,加强对任务内容的巩固,增强学习效果。

本书由舟山职业技术学校蔡江涛担任主编,由舟山职业技术学校金明敏、张杰、张誉耀担任副主编。编写分工如下:蔡江涛负责编写项目一、六及统稿,金明敏负责编写项目二、四,张誉耀负责编写项目三,张杰负责编写项目五。在本书的编写过程中,舟山华睿海洋装备有限公司、舟山市兴港物业管理有限公司参与合作,给予了技术上的支持,提出了宝贵的修改意见,为提高本书质量起到很好的作用,在此表示衷心的感谢!

　　由于编者学识和水平有限,错漏之处在所难免,敬请批评指正,读者意见反馈邮箱:cjt4215@163.com。

编　者

2023 年 8 月

目　录
CONTENTS

项目一　认识海洋电子信息技术

❉ 项目目标

1. 了解电子信息技术的概念、发展及应用特点。
2. 了解海洋电子信息的概念、产业分类及发展趋势。
3. 了解海洋电子装备技术发展趋势。

▦ 任务情境

舟山背靠长三角广阔经济腹地，是中国东部沿海和长江流域走向世界的主要海上门户，与东北亚及西太平洋一线主力港口釜山、长崎、高雄、香港等，构成一个近 500 海里等距离扇形海运网络，为产品辐射提供良好的区位优势。舟山市政府正朝着建设舟山自由贸易港努力，为海洋电子信息企业发展提供良好的发展平台。

近几年舟山海洋电子产业发展较快，并依托本地较为发达的造船业、渔业形成了以车船仪器仪表、软件和信息服务业为主的海洋特色产品，尤其是在卫星通信导航、船舶设计、船用电气等产品领域得到较好的发展，初步形成了海洋电子产业的雏形。舟山市政府现在正积极布局，打造先进的电子信息产业，这必将为舟山市海洋电子信息产业开拓更为广阔的市场空间。

海洋电子信息产业涵盖范围广泛，不单单指用于开发、利用和监测海洋、海岛、港口等资源的电子产品，以及用于提升船舶和海洋工程装备等智能化、自动化水平的电子产品，还包括充分利用海洋、海岛、港口等资源发展的电子产品。因此，海洋电子信息产业范畴涵盖大部分电子信息产品。结合舟山海洋电子信息产业发展情况，该产业具体可分为船舶电子、应用软件和信息服务、临港电子产品出口加工、节能与新能源电子、前沿技术研发和产业化等五大类。

▤ 任务准备

一、电子信息

"电子信息"是一个信息学专业词汇,它的出现与计算机技术、通信技术和高密度存储技术的迅速发展并在各个领域里得到广泛应用有着密切关系。电子信息是一门应用计算机等现代化技术进行电子信息控制和信息处理的学科,主要研究信息的获取与处理,以及电子设备与信息系统的设计、开发、应用和集成。

电子信息技术已经涵盖了社会的诸多方面,像电话交换机里如何处理各种电话信号,我们周围的网络怎样传递数据,甚至信息化时代军队的信息传递如何保密等都涉及电子信息工程的应用技术。

二、电子信息技术

电子信息技术在人们生活中的很多方面都发挥着不可或缺的作用。无论是在虚拟网络世界还是在现实中,都离不开电子信息技术的支持,比如说移动终端、电视终端等方面。电子信息技术可以给人们带来很多的便利,因此,有必要加强对电子信息技术的认识和研究,在正确认识电子信息技术的基础上,实现其价值的最大化。

1.电子信息技术定义

电子信息技术是在信息科学和信息产业的基础上发展起来的一个技术分支,是一门综合性学科。

信息科学是认识信息和利用信息的学科,以信息为研究对象,以信息的运动规律为研究内容。研究信息的目的,就是要利用信息来进行决策、控制和实现系统组织的最优化。

2.电子信息技术发展现状

(1)全球信息化时代到来

在信息技术快速发展的时代,人们进入了互联网信息的新纪元。在这个阶段,人们日益频繁地通过网络进行交流,巨大的信息交流量意味着信息全球化的时代已到来。无论是生活还是工作,人们都可以利用现代互联网技术实现交流,从而满足各方面的需要。电子信息全球化可以有效帮助人们完成各种活动,提高工作的质量和效率,帮助人们更好地进入自己的角色。电子信息技术得到了人们的认可,并得到了广泛的应用,这有效促进了电子信息技术的快速发展。

(2)人们生活智能化

电子信息技术不仅可以促进信息交流,也能以智能化形式向社会展现其不可忽视的作用,从而促进社会和电子信息产业的快速发展。电子信息技术的出现给人们的日常生活带来了翻天覆地的变化,已成为人们日常生活中的重要组成部分。例如,在人们的日常生活中,最常见的电子信息技术设备之一就是智能电视,它提高了传统的模拟电视信号质量。信息技术的出现在一定程度上改善了日常使用的设备,为人们的日常生活提供了很大的帮助。总之,电子信息技术的出现将促进人们的生活实现智能化。

(3)教育信息化

现如今,我国电子信息技术飞速发展,电子信息技术在各个领域得到了广泛的应用,促进了各个领域的发展。电子信息技术在我国教育行业中的应用,有效促进了我国教育行业的发展,通过教育信息化的方式提高教学质量。电子信息技术在教育行业的作用主要体现在:利用电子信息技术,教师可以完善现有的教学计划,并根据学生的学习情况制订相应的教学计划;与此同时,利用电子信息技术可以改革教育产业,从而实现信息教育;利用电子信息技术可以共享现有教育资源,提高学生的学习效率和教师的教学质量。

3.电子信息技术的应用特点

(1)智能化、自动化

21世纪科学技术快速发展,因此,实现电子信息技术的智能化非常重要。使用电子信息技术模拟人的行为和思维,根据密集分析和综合处理获得信息的方式,可以大大节省人力,避免资源的浪费并降低成本。在现实生活中,自动存储技术和自动导航系统是电子信息技术通过传感器实现智能化信息技术传输的具体应用。

(2)数字化、网络化

进入互联网+时代,网络技术与电子信息技术的联系越来越紧密,电子信息技术利用网络来整合与传输信息,使得信息的覆盖面扩大、时效性更强。网络技术与电子信息技术结合,使得操作的方式更加便捷、高效,满足了现代人工作和生活的实际需要。

(3)快捷化、高效化

如今,人们的生活方式随着计算机技术和电子信息技术的快速发展发生了翻天覆地的变化,电子信息技术在集成和信息化的基础上,应用效率更高,运行更加简单快捷,实现了快捷与高效的有机结合。电子信息技术已成为人们生产和生活中最方便、最有效率的信息承载手段。

4.电子信息技术的应用前景

(1)全球化、梯队化

全球化和梯队化是电子信息技术的发展趋势。电子信息技术全球化趋势越来越明显。随着技术的应用越来越广泛,还出现了梯队化趋势。不同国家在这一领域的差异越来越大,分工也越来越明确,高水平的技术基本上出现在发达国家,发展中国家主要接受低技术产品或即将过时的产品。因此,发达国家与发展中国家的技术差异越来越大。

（2）国际化、高端化

电子信息技术在发展中，既面临着机遇也面临着挑战。由于电子信息技术的发展依靠高端人才，因此这种挑战更多体现在对高科技人才的需求方面。这些年来，因为国外的跨国集团拥有一般企业无法相比的优势，可以为高科技人才提供更好的待遇，基本垄断了电子信息技术行业的高端人才，一些尖端科技产品都由它们研制出来。电子信息技术不断推陈出新，其在现代社会中的作用越来越明显，影响也越来越大，对人们的生活和工作产生了巨大的促进作用。

（3）规模化、个性化

技术产品只有具备一定规模才能在市场上建立起优势，在任何领域都遵循这一规律，电子信息技术行业也不例外。在电子信息技术领域中，跨国集团的优势非常明显，产品质量有了质的飞跃，出现了产品创新的趋势，也越来越注重电子信息技术产品的更新和个性化的发展。因此，这一领域实现了电子信息技术产品规模化与个性化的有机结合，这样才能共同进步，共同发展。

三、海洋电子信息

海洋电子信息是电子信息广泛应用于海洋经济领域的产物，是基于海洋、海岛、港口等资源开发而发展起来的，是用来开发、利用和保护海洋环境资源生产与管理的技术。

四、海洋电子信息技术

海洋电子信息技术针对海洋开发、监测、管理和服务等应用及涉海省（市）智慧管理对信息系统的需求，运用思想体系和系统方法，进行系统设计、软件开发、硬件选装、集成联调、应用开发及维护服务，为客户提供信息体系设计与系统集成服务。

五、海洋电子信息产业

海洋电子信息产业根据其特点及海洋经济发展趋势，主要分为基础类、核心类与支撑类等三个方面产业。基础类产业与海洋经济关联强度大，技术优势明显；核心类产业发展潜力大，技术攻关要求高；支撑类产业影响范围广，联动发展效应强。

（一）基础类产业

1.海洋环境监测及资源开发仪器设备

海洋电子信息技术升级换代，传统产业转型加快，战略性新兴产业迅速发展。舟山市政府围绕海洋环境监测与资源开发，推进海洋污染监测仪器仪表，海洋环境遥测、遥控、遥感设备，海洋调查设备，海洋生物资源实时监测设备等的生产。面向海洋资源特别是海洋油气资源开发可视浅钻、电视抓斗、电视多管、箱式取样器和深海深孔岩芯取样钻机等海洋资源探测电子设备,以及载人/非载人潜水器、重载作业型水下机器人、深水油气生产作业装备、海洋生物和化学传感器等设备。

2.船舶测量控制设备

船舶测量控制设备主要有船载航行数据记录仪(VDR)、应急无线示位标(EPIRB)、电罗经、磁罗经、多普勒计程仪、回声测深仪、自动雷达标绘仪、无线电测向仪、探鱼仪等测量控制设备。通过船舶操纵控制系统和监控系统等构建较为完整的船舶测量控制产业链,提高船舶测量的精确度和数字化水平,促进船舶测量控制设备产业的快速发展。

3.船载应用设备

船载应用设备主要有船载卫星电视系统(船载卫星天线)、照明系统、海事电话等。主要趋势:推广新一代信息技术娱乐生活设施在船舶领域的应用,提高船舶的整体舒适感及船运公司的综合竞争力;开发高密度数字音响、数字电影等设备,推动船舶视听产业向数字化、智能化和节能环保方向发展。

4.船舶自动化系统

船舶自动化系统主要有推进装置遥控系统、阀门遥控系统、电站及电能控制管理系统、通用控制监测系统等机舱自动化系统,有综合船桥系统、集成驾驶系统、船舶监控系统等驾驶自动化系统,还有动力定位系统、深海锚泊系统、自升式平台升降系统、海洋钻机顶部驱动系统等,以及高压燃油喷射系统、智能化电控系统、高效增压器、废气再循环(EGR)系统、选择性催化还原(SCR)装置等柴油机关键部件和控制系统。

5.印制电路板

微电机、印制电路板等产品在船舶与海洋资源开发设备方面的应用,主要涉及船舶类微电机及办公自动化设备、计算机外部设备和工业自动化设备等。

(二)核心类产业

1.卫星通信设备制造及运营

围绕航运、渔船作业、海洋监测等重要需求,舟山市政府充分利用现有企业基础,积极推进与国际卫星运营商、北斗卫星运营企业的合作,积极发展卫星通信导航服务业。在此基础上,重点开发低成本的海事卫星电话、对讲机、通信发射机、交换机、基站等通信设备,以及海上卫星救助系统,提高海上航运、渔船作业的便捷度和安全度,同时为海洋电子信息服务业的快速发展奠定良好基础。

2.导航设备

围绕船舶工业提供配套服务,大力开发符合国际海事组织(IMO)规范的船用导航雷达、避碰雷达、新型船用陀螺罗经、船舶自动识别系统(AIS)、电子海图、操舵仪、船载航行数据记录仪(VDR)、电子海图显示与信息系统等导航系统及相关仪器仪表。利用我国北斗卫星系统在民用领域的应用展开,积极推进北斗系统在渔业导航和定位方面的应用,重点开发北斗卫星船用导航芯片、接收终端、航行警告接收机、船舶卫星跟踪系统、防撞系统等产品,为渔业管理和海事部门提供船位监测、船舶航行资料管理等服务,为海洋渔业作业船舶提供定位导航等服务。

3.海洋电子元器件

积极延伸海洋电子信息产业链,加强自身配套能力,重点开发微型化、集成化、智能化的海洋生物和化学传感器,研发具有无线通信、传感、数据处理功能的无线传感器;推进传感器由多片向单片集成方向发展,减小产品体积,降低功耗,扩大生产规模,大力推进海洋监测传感器、水下传感器、海洋风传感器、防撞报警器的研发。强化产业链的上游支撑,大力开发硅材料、化合物半导体材料、氮化镓和碳化硅等半导体材料,积极开发海洋电子半导体、LED等海洋电子元器件。

(三)支撑类产业

1.船舶与海洋工程设计及软件开发

针对国内需求,应掌握新型内河船舶、沿海船舶和高性能远洋渔船等船舶的关键设计技术。坚持技术引进和自主创新相结合,重点提高动力定位系统、大功率海洋平台电站、大型平台油气生产功能模块、海洋钻修井系统等设备和系统的设计能力。推进海洋工程装备设计制造集成软件、新船能效设计指数(EEDI)评估技术及软件、数值水池技术及自主知识产权船舶CFD软件、船舶电子和消费电子等产品的研发,加强对嵌入式软件、千艘级船舶技术性能数据库等的应用。

2.海洋探测与渔业电子信息应用

利用合成孔径成像声呐、高精度CTD剖面仪、定标检测设备和海底探查新装备等,建立海底全覆盖探测系统,提高海洋地质调查技术能力。发展卫星遥感技术,掌握赤潮、溢油、海滨浴场、陆源物质扩散、养殖区生态环境等模块化应用技术,结合地理信息系统,形成先进的海洋环境信息产品。开发并建立海域环境灾害与污染事故预警响应系统,实现对海域及沿岸区域赤潮等海洋灾害和溢油等突发性环境污染事故的监测。利用现有船舶建设船舶移动气象站,在重点海域(渔场)建设海洋气象浮标,实现对海洋气象和海洋要素的实时监测。研发集渔船导航、定位、救助、服务为一体的渔船动态实时监控系统,建设海上渔船动态数据快速传输通道,实现对所有海区作业渔船相关数据的实时传输,实现对渔船动态的实时监控。开发探鱼仪、渔用LED灯等渔业生产辅助产品,建立水产品实时电子交易平台,利用RFID技术,逐步建立水产品安全质量管理系统,提供渔业增值服务。

3.临港电子设备制造与信息服务

围绕港航物流及临港产业,大力开发港口装卸电子器材及设备、港口物流电子设备等,提升智能化水平,加强临港产业的发展,形成新的增长点。通过互联网技术、移动通信技术、地理信息系统、船舶识别系统、视频监控系统等,结合航道、锚地、码头、潮汐、企业、船只、引航、拖助、安全应急、港航状态,建立港航监控系统,实现对港口作业和船舶的动态监管。建立港航电子商务系统,通过连接海关海事等口岸单位、码头堆场仓库、航运企业、货代、船代、大宗商品交易中心、银行及物流平台,实现货物电子通关、电子物流、电子交易、电子支付以及货物全程定位跟踪。

4.海洋通信及综合信息服务

通过对海洋探测获得的洋流数据、气象数据、海底地形地貌、海洋环境等信息的分析处理,利用搭建数据交换和信息共享平台,加强海洋综合信息服务运行能力和机制创新,大力发展海洋环境预报预警和导航服务、海岸带及邻近海区高分辨率遥感监测示范系统等基于网络的信息服务,重点发展海洋渔业信息服务、港航物流信息服务、海洋监测综合信息服务等,一方面为政府决策提供参考依据,提高政府决策水平,另一方面针对企业对船舶、港口、物流等信息的不同需求,由软件信息服务企业按照商业模式为其提供特定应用数据服务,提高企业生产率。

六、海洋电子装备应用技术趋势

海洋电子装备应用技术趋势,主要是指海洋立体观测系统技术、海洋信息技术、灾害预警预报技术、海上导航通信技术等的发展。

1.海洋立体观测系统技术

海洋立体观测系统技术包括传感、遥感观测、观测系统集成、观测载体、岸基高频地波雷达、海洋声学、生态系统观测等。

2.海洋信息技术

海洋信息技术包括海洋信息的提取与融合技术,海量数据存储,压缩与管理技术,海洋数据的同化与复合技术,"数字海洋"技术,四维海洋地理信息系统等。

3.灾害预警预报技术

灾害预警预报技术包括赤潮卫星遥感跟踪系统、海上溢油应急预报系统、海上工程安全保障系统等。

4.海上导航通信技术

海上导航通信技术包括远洋船舶的现代通信技术、海上导航信息远程传输监控技术等。

七、海洋电子信息产业技术发展趋势

海洋电子信息产业具有两个显著的技术发展趋势：一是信息化与工业化融合，电子信息向海洋领域拓展，如航天卫星通信、北斗导航、移动通信、光纤通信和空中无人机等陆地上相对成熟的电子信息产业进入海洋经济，这类产业的引入使得海洋电子信息产业具备了"云计算"的雏形；二是针对水下特殊环境难以使用陆地现有电子信息产品的现实，海洋电子信息产生以"洋计算"为代表的特色高科技产业，如海底无线通信网络、漂流浮标、AGRO浮标、无人艇、海底新能源电池等。

今后，海洋电子信息产业需要突破一批水下电子信息核心技术，提升船舶海洋工程电子设备研发制造水平，打造海洋电子信息集群示范基地。这主要包括以下五个方面：以水声组网通信和海缆光纤通信为代表的水下通信和网络产业；水声感知和电磁感知，涵盖新型、智能、高灵敏度、高稳定性的海洋动力环境传感器、海洋水质和生态环境监测传感器等传感器和执行器产业；海底能源和海水电池产业；新一代长航程和高智能化水下机器人平台；海底环境观测与勘测大数据集成等。

任务实施

项目一的任务实施，如表 1-1-1 所示。

表 1-1-1　项目一的任务实施

序号	应用图片	名称	应用场所及分类
1			
2			

序号	应用图片	名称	应用场所及分类
3			
4			
5			
6			

任务评价

项目一的任务评价，如表 1-1-2 所示。

表 1-1-2 项目一的任务评价

评价项目	任务评价内容	分值	自我评价	小组评价	教师评价
职业素养	遵守实训室规章制度及文明使用实训器材	10			
	按实操流程规定操作	5			
	遵守纪律，提高团队协作能力	5			
理论知识	了解电子信息技术的特点	10			
	了解海洋电子信息技术的概念	10			
实操技能	了解海洋电子信息产业的分类	30			
	了解海洋电子信息技术的应用	30			
总分		100			
个人学习总结					
小组评价					
教师评价					

练习与思考

一、填空题

1. 电子信息是一门应用计算机_____进行电子信息控制和_____的学科，主要研究信息的_____，电子设备与信息系统的设计、开发、应用和集成。

2. 海洋电子信息技术针对海洋开发、监测、_____等应用及涉海省（市）智慧管理对信息系统的需求，运用思想体系和系统方法，进行系统设计、软件开发、_____、集成联调、应用开发及维护服务，为客户提供_____与系统集成服务。

3.海洋电子信息产业根据电子装备及行业功能,主要分为_____、_____与_____等三个方面的产业。

4.海洋电子信息产业具有两个显著的技术发展趋势:一是_____融合,电子信息向海洋领域拓展;二是针对_____难以使用陆地现有电子信息产品的现实。

二、简答题

1.简述电子信息技术的应用特点。

2.简述海洋电子信息产业分类。

3.简述海洋电子信息产业技术发展趋势。

项目二　声光控灯电路

❋ 项目目标

1. 了解声光控灯电路的组成，学会识别基本电子元器件。
2. 学会安装、焊接声光控灯电路，学会电路的调试方法。
3. 提高电子技术基本技能。
4. 培养对电子科学技术的关注度与兴趣。

🔲 任务情境

船舶照明是船舶航行、作业以及船舶管理工作人员生活的必要条件。船舶照明通常有确保航行安全和人员安全照明（如航行灯、信号灯）、船舶工作场所（如驾驶室、机舱）照明以及生活区域照明等作用。船舶室内走廊声光控灯如图 2-1-1 所示。

 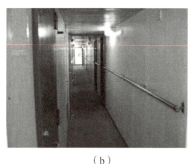

（a）　　　　　　　　　　　　　　（b）

图 2-1-1　船舶室内走廊声光控灯

在室内照明区域，灯具比如走廊灯、装饰氛围灯，越来越趋向于智能化、节能化。声光控电路是集声学、光学和延时技术为一体组成的自动照明电路。当白天或光线较强时，灯不亮；当光线较暗或晚上来临时，若来人有脚步、说话、拍手等声音，灯自动打开，延时一段时间后自动熄灭，从而实现了"人来灯亮，人去灯熄"，杜绝了长明灯。

 任务准备

1. 声光控灯电路原理

声光控灯电路原理，如图 2-1-2 所示。

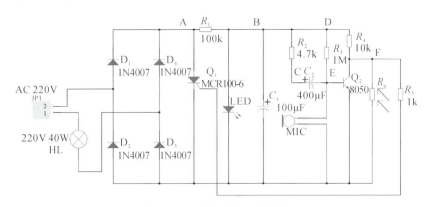

图 2-1-2　声光控灯电路原理

该电路主要由电源电路、声光放大电路、缓冲延时电路、晶闸管驱动电路构成。

2. 声光控灯电路原理分析

220V 交流电通过灯泡流向 D_1—D_4，经 D_1—D_4 整流、R_1 限流降压、LED 稳压（兼待机指示）、C_1 滤波后，输出直流电给电路供电。控制电路由 R_2、Q_2、C_2、R_3、R_4、MIC、R_g 组成。在周围有其他光线的时候，光敏电阻的阻值约为 $1kΩ$，Q_2 的集电极电压始终处于低电位，就算此时拍手，电路也无反应。

到夜间时，光敏电阻的阻值上升到 $1MΩ$ 左右，对 Q_2 解除钳位作用，此时 Q_2 处于放大状态，如果无声响，那么 Q_2 的集电极仍为低电位，晶闸管因无触发电压而关断。拍手时，声音信号被 MIC 接收转换成电信号，通过 C_2 耦合到 Q_2 的基极，音频信号的正半周加到 Q_2 基极时，Q_2 由放大状态进入饱和状态，相当于将晶闸管的控制极接地，电路无反应。而音频信号的负半周加到 Q_2 基极时，迫使其由放大状态变为截止状态，集电极上升为高电位，输出电压触发晶闸管导通，使主电路有电流流过，等效于开关闭合，而串联在其回路中的灯泡得电工作。

灯泡得电后，此时 C_2 的正极为高电位，负极为低电位，电流通过 R_3 缓慢地给 C_2 充电（实为 C_2 放电）。当 C_2 两端电压达到平衡时，Q_2 重新处于放大状态，晶闸管关断，灯泡熄灭，改变 C_2 或 R_3 大小可以改变灯泡熄灭时间。

任务实施

1.元器件识别与检测

在进行电路制作之前,元器件的识别与检测非常关键,按照表 2-1-1 逐个对元器件进行识别与检测,并将检测结果填入表 2-1-1。

表 2-1-1　声光控灯电路元器件识别与检测

代号	元件名称	型号或规格	实物	检测结果
R_1	电阻	100kΩ		实测值:
R_2		4.7kΩ		实测值:
R_3		1MΩ		实测值:
R_4		10kΩ		实测值:
R_5		1kΩ		实测值:
R_g	光敏电阻	5528 5mm		质量:
C_1	电解电容	100μF		正负极性: 质量:
C_2		400μF		
Q_1	晶闸管	MCR100-6		引脚顺序: 质量:
D_1、D_2、D_3、D_4	二极管	1N4007		正负极性: 质量:
LED	发光二极管	LED 8mm 红色		
MIC	驻极体话筒	咪头 9×7mm 电容式		引脚识别: 质量:
Q_2	三极管	8050		引脚顺序: 质量:
HL	灯泡	220V 40W		

2.电路安装与制作

(1)按照工艺要求,完成对元器件的引脚成型加工。

(2)在 PCB 电路板上依次进行元器件的排列、插装。

（3）按焊接工艺要求对元器件进行焊接，检查焊点有无焊接缺陷。

（4）焊接电源输入线或输入端子。

声光控灯实物电路如图 2-1-3 所示。其中，色环电阻、二极管采用卧式安装，电解电容、发光二极管、光敏电阻、三极管、驻极体话筒采用立式安装。

图 2-1-3　声光控灯实物电路

3.电路功能测试

步骤 1：测试仪器的准备。

220V 交流电源、数字万用表、示波器。

步骤 2：测试前的检查。

（1）检查元器件安装位置是否正确，电解电容、二极管等有极性的元件是否装错。

（2）检查元器件引脚是否存在漏焊、虚焊等现象。

（3）用数字万用表检测电源输入端电阻，判断是否存在短路现象。

步骤 3：通电观察。

上述检测无误后，将 220V 交流电接入电路，观察电路是否有冒烟、元器件是否烫手等现象，完全正确后进入下一步测试。光照充足条件下，LED 指示灯亮，晶闸管关断，灯不亮，如图 2-1-4 所示。无光照时，MIC 接收声音后，晶闸管导通，灯亮，LED 指示灯熄灭，如图 2-1-5 所示。

图 2-1-4　光照充足条件下的电路状态

图 2-1-5 无光照条件下的电路状态

4.电路参数测试

光敏电阻受光和光敏电阻受遮挡,且有拍手声时,测量用万用表测试 A、B、C、D、E、F 点的电压值等,并记录在表 2-1-2 中。

表 2-1-2 A、B、C、D、E、F 点电压参数和灯的状态记录表

工作条件	各点电压值						灯的状态	LED 指示灯状态
	A	B	C	D	E	F		
光敏电阻受光、拍手								
光敏电阻受遮挡、拍手								

将光敏电阻用黑胶带遮住,并拍手。在灯亮过程中,测量 A、B、E、F 点的波形,并记录在表 2-1-3 中。

表 2-1-3 A、B、E、F 点的波形记录

测试条件		波形
A	U_c 图 O　　　　t 幅值:　　　频率:	
B	U_o 图 O　　　　t 幅值:　　　频率:	

测试条件	波形
E	U_o O　　　　t 幅值：　　　　频率：
F	U_c O　　　　t 幅值：　　　　频率：

任务评价

项目二的任务评价，如表 2-1-4 所示。

表 2-1-4　项目二的任务评价

评价项目	任务评价内容	分值	自我评价	小组评价	教师评价
职业素养	遵守实训室规章制度及文明使用实训器材	10			
	按实操流程规定操作	5			
	遵守纪律，提高团队协作能力	5			
理论知识	掌握声光控灯电路的工作原理	10			
	掌握声光控灯电路的安装方法	10			
实操技能	声光控灯电路安装、调试正确	30			
	参数测量正确	30			
总分		100			
个人学习总结					
小组评价					
教师评价					

趣味拓展

1.光敏电阻

光敏电阻是用硫化镉或硒化镉等半导体材料制成的特殊电阻器,具有精度高、体积小、性能稳定、价格低等特点,具体情况如图 2-1-6 所示。它作为开关式光电信号传感元件,广泛应用于自动化技术。光敏电阻的工作原理是利用内光电效应。光照愈强,阻值愈低,随着光照强度的升高,电阻值迅速降低至 1kΩ 以下。光敏电阻对光线十分敏感,其在无光照时,呈高阻状态,暗电阻一般可达 1.5MΩ。

光敏电阻器根据光敏电阻的光谱特性,可分为三种:紫外光敏电阻器、红外光敏电阻器、可见光光敏电阻器。

电路符号

图 2-1-6　光敏电阻的实物外形及电路符号

光敏电阻的检测方法:用一黑纸片将光敏电阻的透光窗口遮住,将指针式万用表置于 $R\times10k$ 挡,测量光敏电阻的阻值。若此时指针基本保持不动,则阻值接近无穷大,此值越大说明光敏电阻性能越好;若此值很小或接近零,说明光敏电阻已烧穿损坏,不能再继续使用。

2.驻极体话筒

驻极体话筒具有体积小,频率范围宽,高保真和成本低的特点,目前,已在通信设备、家用电器等电子产品中广泛应用。驻极体话筒实物及电路符号如图 2-1-7 所示。

负极

正极

MIC
电路符号

图 2-1-7　驻极体话筒实物及电路符号

驻极体话筒的基本结构包括一片单面涂有金属的驻极体薄膜与一个上面有若干小孔的金属电极(称为背电极)。驻极体面与背电极相对,中间有一个极小的空气隙,形成一个以空气隙和驻极体作为绝缘介质,以背电极和驻极体上的金属层作为两个电极的平板电容器,电容的两极之间有输出电极,具体情况如图 2-1-8 所示。由于驻极体薄膜上分布有自由电荷,当声波引起驻极体薄膜振动而产生位移时,电容两极板之间的距离发生改变,从而引起电容的容量发生变化。由于驻极体上的电荷数始终保持恒定,根据公式 $Q=CU$,当 C 变化时,必然引起电容器两端电压 U 的变化,从而输出电信号,实现声电的变换。

图 2-1-8 驻极体话筒结构

驻极体话筒的内部由声电转换系统和场效应管两部分组成。它的电路的接法有两种:源极输出和漏极输出。源极输出有三根引出线,漏极 D 接电源正极,源极 S 经电阻 R 接地,再经电容 C 作信号输出,如图 2-1-9(a)所示;漏极输出有两根引出线,漏极 D 经电阻 R 接至电源正极,再经电容 C 作信号输出,源极 S 直接接地,如图 2-1-9(b)所示。

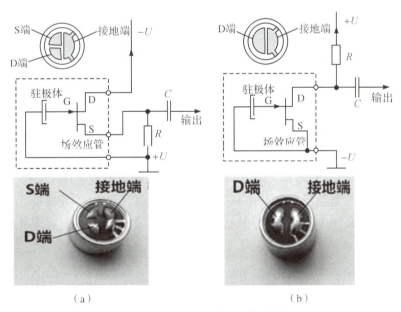

（a）　　　　　　　　　　（b）

图 2-1-9 驻极体话筒两种电路接法

3.晶闸管

晶体闸流管简称晶闸管,又名可控硅,是在晶体管基础上发展起来的一种大功率半导体器件。它的出现使半导体器件由弱电领域扩展到强电领域。晶闸管也像半导体二极管那样具有单向导电性,但它的导通时间是可控的,主要用于整流、逆变、调压及开关等方面。

单向晶闸管的内部结构如图 2-1-10 所示，它是由 PNPN 四层半导体材料构成的三端半导体器件，三个引出端为阳极 A、阴极 K 和门极 G。单向晶闸管的阳极与阴极之间具有单向导电的性能，其内部可以等效为由一只 PNP 三极管和一只 NPN 三极管组成的复合管。

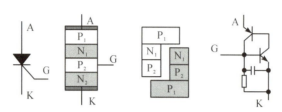

图 2-1-10　单向晶闸管的内部结构

晶闸管的导通条件：在阳极和阴极间施加电压，同时在控制极和阴极间施加正向触发电压。当它导通后，控制极就失去控制作用，管子依靠内部的正反馈始终维持导通状态。此时阳极和阴极之间的电压一般为 $0.6\sim1.2V$，电源电压几乎全部加在负载电阻上，阳极电流 I 可达几十甚至几千安。其关断方法：减小阳极电流，使晶闸管不能维持正反馈过程而变为关断，这种关断称为正向关断；如果在阳极和阴极之间加反向电压，晶闸管也将关断，这种关断称为反向关断。

对于晶闸管的三个电极，可以用万用表测其好坏。依据 PN 结单向导电原理，用指针式万用表欧姆挡测试元件三个电极之间的阻值，可初步判断管子是否完好。

如用万用表 $R\times1k\Omega$ 挡测量阳极 A 和阴极 K 之间的正、反向电阻都很大，在几百千欧以上，且正、反向电阻相差很小；用 $R\times10k\Omega$ 挡或 $R\times100k\Omega$ 挡测量控制极 G 和阴极 K 之间的阻值，其正向电阻应小于或接近于反向电阻，这样的晶闸管是好的。如果阳极与阴极或阳极与控制极间有短路，阴极与控制极间为短路或断路，则晶闸管是坏的。

声光控楼道灯电路，如图 2-1-11 所示，它由一块集成芯片 CD4011 和外围电路组成，电路中 12V 交流电经过整流电路，转换成脉动直流电加到可控硅，另一路通过 VD_6、C_1、R_1、VS 稳压为 6.2V 给控制电路供电。VT_2 及外围电路组成声控电路，R_{P_3} 和 R_5 为驻极体话筒供电，没有声音时 VT_2 处于导通状态，TP_2 电压为低电平。R_{P_1}、R_2、R_g 组成光控电路，无光照时 R_g 电阻很大，故 TP_3 为高电平。与非门 ICA 输出为高，ICB 为低，TP_5、TP_6 均为低，TP_7 为高、TP_9 为低，可控硅无导通信号而截止，灯不亮。在黑暗状态有声音信号时，声音信号的负半周使 VT_2 瞬间截止，TP_2 变为高电平，与非门 ICA 输出低电平，ICB 输出高电平，通过 VD_5 对 C_3 充电，TP_6 变为高电平并维持一段时间，TP_7 变低、TP_9 变为高电平，可控硅导通，灯被点亮。当声音信号消失后，由于 C_3 的电压不会突变，故灯会继续点亮，直到 C_3 放电完毕，改变 C_3 和 R_6 的值可以改变灯亮的延时时间。当有光照时，ICA 将一直输出高电平，灯不亮。调节 R_{P_2}、R_{P_3} 可以改变声控灵敏度，调节 R_{P_1} 可以改变光照灵敏度。

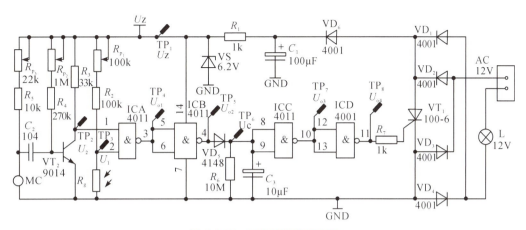

图 2-1-11　声光控楼道灯电路

练习与思考

一、填空题

1. 光照愈强,光敏电阻阻值_____;无光照时,呈_____
_____状态。

2. 根据光敏电阻的光谱特性,光敏电阻器可分为_____、
_____、_____。

3. 驻极体话筒的内部由_____和_____两部分组成。

4. 单向晶闸管的内部是由_____材料构成的三端半导体器件,三个引出端分别为_____、_____和_____。

5. 晶闸管导通后,控制极就失去控制作用,管子依靠内部的_____始终维持导通状态。

二、简答题

晶闸管的导通条件和关断条件分别是什么?

项目三　温度报警器

项目目标

1. 了解温度报警电路的组成,学会识别基本电子元器件。
2. 学会安装、焊接温度报警电路,学会电路的调试方法。
3. 提高学生电子技术的基本技能。
4. 培养学生对电子科学技术的关注度与兴趣。

任务情境

　　船舶作为海上运输的主要交通工具,其舒适性、安全性得到了人们的高度关注,为保证旅客和有温度要求的货物的环境温度,需要实时监测船舱内的温度变化情况。此外,每年发生在船上的火灾都会造成人员伤亡,同时给船舶造成严重损害。当燃油系统发生故障、燃油碰到高温表面时便会引发火灾,这是船舶机舱发生火灾的主要原因。目前,在船舶内部,普遍都安装了温度监测系统,来实现对船舱内温度的实时性和可靠性监控。温度报警器如图 3-1-1 所示。

图 3-1-1　温度报警器

任务准备

1.温度报警电路原理

温度报警电路原理如图 3-1-2 所示。

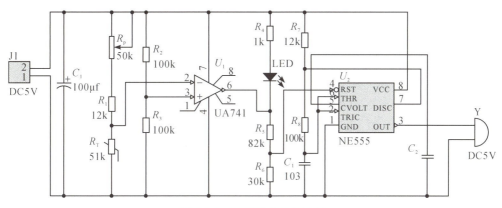

图 3-1-2 温度报警电路原理

2.温度报警电路原理分析

电路中 R_P、R_1、R_2、R_3 和 R_T 构成测温电桥。R_T 是一个热敏电阻,当环境温度比较低时(低于预置温度),R_T 的阻值较大,此时运算放大器 UA741 的 2 脚电位高于 3 脚,UA741 的 6 脚输出低电平,LED 亮。同时,555 芯片的 4 脚输入低电平,则 555 的 3 脚输出低电平,蜂鸣器不响,即不报警。当温度升高时 R_T 的阻值就变小,UA741 的 2 脚电压随之下降,当 2 脚电压低于 3 脚电压时,6 脚就输出高电平,LED 随之熄灭,555 芯片的 4 脚输入高电平,多谐振荡器电路开始正常工作,蜂鸣器响,开始报警。

知识加油站

1.热敏电阻

热敏电阻器是敏感元件的一类,按照温度系数不同分为正温度系数热敏电阻器(PTC)和负温度系数热敏电阻器(NTC)。热敏电阻器的典型特点是对温度敏感,不同温度下表现出不同的电阻值。正温度系数热敏电阻器(PTC)在温度越高时电阻值越大,负温度系数热敏电阻器(NTC)在温度越高时电阻值越小。热敏电阻的实物外形及电路符号如图 3-1-3 所示。

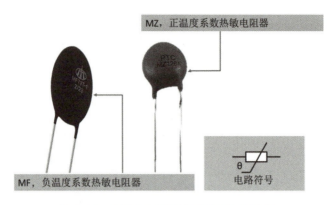

图 3-1-3　热敏电阻的实物外形及电路符号

2.Ua741 运算放大器

Ua741 是高增益运算放大器,广泛用于军事、工业和商业等领域,具有短路保护,失调电压调零,无频率补偿要求,共模、差模电压范围大,功耗低等优点。它的外形及引脚结构如图 3-1-4 所示。

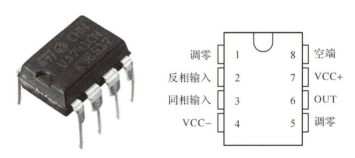

图 3-1-4　Ua741 外形及引脚结构

3.555 定时器

555 定时器是一种模拟电路和数字电路相结合的中规模集成器件,它性能优良,适用范围很广,外部加接少量的阻容元件可以很方便地组成单稳态触发器和多谐振荡器,且不需外接元件就可组成施密特触发器。因此,集成 555 定时器被广泛应用于脉冲波形的产生与变换、测量与控制等方面。

（1）555 内部结构

555 定时器的外形、内部结构及管脚排列如图 3-1-5 所示。

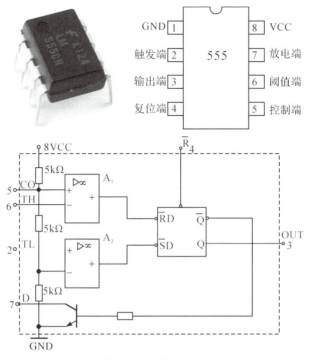

图 3-1-5　555 定时器的外形、内部结构及管脚排列

它由分压器、比较器、基本 R-S 触发器和放电三极管等部分组成。分压器由三个 5kΩ 的等值电阻串联而成。分压器为比较器 A_1、A_2 提供参考电压,比较器 A_1 的参考电压为 $\frac{2}{3}$VCC,加在同相输入端;比较器 A_2 的参考电压为 $\frac{1}{3}$VCC,加在反相输入端。比较器由两个结构相同的集成运放 A_1、A_2 组成。高电平触发信号加在 A_1 的反相输入端,与同相输入端的参考电压比较后,其结果作为基本 R-S 触发器 $\overline{RD}$ 端的输入信号;低电平触发信号加在 A_2 的同相输入端,与反相输入端的参考电压比较后,其结果作为基本 R-S 触发器 $\overline{RD}$ 端的输入信号。基本 R-S 触发器的输出状态受比较器 A_1、A_2 的输出端控制,具体情况如表 3-1-1 所示。

表 3-1-1　555 定时器的功能

输入			输出	
阈值输入⑥	触发输入②	复位④	输出③	放电端⑦
X	X	0	0	导通
$<\frac{2}{3}$VCC	$<\frac{1}{3}$VCC	1	1	截止
$>\frac{2}{3}$VCC	$>\frac{1}{3}$VCC	1	0	导通
$<\frac{2}{3}$VCC	$>\frac{1}{3}$VCC	1	不变	不变

（2）多谐振荡器工作原理

多谐振荡器是能产生矩形波的一种自激振荡器，由于矩形波中除基波外还含有丰富的高次谐波，故被称为多谐振荡器。多谐振荡器没有稳态，只有两个暂稳态，在自身作用下，电路就在两个暂稳态之间来回转换，故又被称为无稳态电路。

由 555 定时器构成的多谐振荡器电路结构如图 3-1-6（a）所示，R_1、R_2 和 C 是外接定时元件，电路中将高电平触发端（6 脚）和低电平触发端（2 脚）并接后接到 R_2 和 C 的连接处，将放电端（7 脚）接到 R_1、R_2 的连接处。

由于接通电源瞬间，电容 C 来不及充电，电容两端电压 U_c 为低电平，小于 $\frac{1}{3}$VCC，故高电平触发端与低电平触发端均为低电平，输出 U_o 为高电平，放电三极管 VT 截止。这时，电源经 R_1、R_2 对电容 C 充电，使电压 U_c 按指数规律上升，当 U_c 上升到 $\frac{2}{3}$VCC 时，输出 U_o 为低电平，放电管 VT 导通，把 U_c 从 $\frac{1}{3}$VCC 上升到 $\frac{2}{3}$VCC 这段时间内电路的状态称为第一暂稳态，其维持时间 T_{PH} 的长短与电容的充电时间有关。充电时间常数 $T_{PH}=0.7(R_1+R_2)C$。

由于放电管 VT 导通，电容 C 通过电阻 R_2 和放电管放电，电路进入第二暂稳态。其维持时间 T_{PL} 的长短与电容的放电时间有关，放电时间常数 $T_{放}=R_2C_0$ 随着 C 的放电，U_c 下降，当 U_c 下降到 $\frac{1}{3}$VCC 时，输出 U_o 为高电平，放电管 VT 截止，VCC 再次对电容 C 充电，电路又翻转到第一暂稳态。不难理解，接通电源后，电路就在两个暂稳态之间来回翻转，则输出可得矩形波。电路一旦起振后，U_c 电压总是在 $\frac{1}{3}$VCC~$\frac{2}{3}$VCC 之间变化。工作波形如图 3-1-6（b）所示。

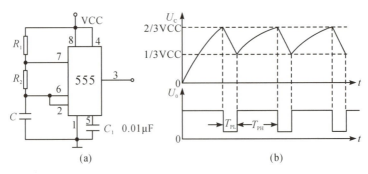

图 3-1-6　多谐振荡器电路结构及工作波形

任务实施

1.元器件识别与检测

在进行电路制作之前,元器件的识别与检测非常关键,逐个对元器件进行识别与检测,并将检测结果填入表 3-1-2。

表 3-1-2　温度报警电路元器件识别与检测

代号	元件名称	型号或规格	实物	检测结果
R_2、R_3、R_8	电阻	100kΩ(3 只)		实测值:
R_4		1kΩ(1 只)		实测值:
R_5		82kΩ(1 只)		实测值:
R_7		12kΩ(2 只)		实测值:
R_6		30kΩ(1 只)		实测值:
R_1	热敏电阻	NTC 负温度系数热敏电阻器		质量:
C_3	电解电容	100μF		正负极性: 质量:
C_1	瓷片电容	103		容量的识读: 质量:
C_2				
R_{P_1}	电位器	503(50k)		实测值:
LED	发光二极管	LED 8mm		正负极性: 质量:
U_1	集成电路	Ua741		引脚顺序: 引脚识别:

代号	元件名称	型号或规格	实物	检测结果
U_2	集成电路	NE555		引脚顺序： 引脚识别：
	芯片底座	8P		
Y	蜂鸣器	有源蜂鸣器 5V		正负极性： 质量：
J1	2P 插针	引脚间距 2.54mm		

2.电路安装与制作

(1)按照工艺要求,完成对元器件的引脚成型加工。

(2)在 PCB 电路板上依次进行元器件的排列、插装。

(3)按焊接工艺要求对元器件进行焊接,检查焊点有无焊接缺陷。

(4)焊接电源输入线或输入端子。

温度报警器实物电路如图 3-1-7 所示,其中,色环电阻采用卧式安装,色环方向一致,电解电容、瓷片电容、蜂鸣器、发光二极管、热敏电阻、电位器采用立式安装,Ua741、NE555 集成电路采用底座安装。

图 3-1-7　温度报警器实物电路

3.电路功能测试

步骤 1：测试仪器的准备。

5V 直流电压源、数字万用表、示波器。

步骤 2:测试前的检查。

(1)检查元器件安装位置是否正确,电极电容、发光二极管等有极性的元件是否装错。

(2)检查元件引脚是否存在漏焊、虚焊等现象。

(3)用万用表检测电源输入端电阻,判断是否存在短路现象。

步骤 3:通电观察。

上述检测无误后,将 5V 直流电接入电路,观察电路是否有冒烟、元器件是否烫手等现象,完全正确后进入下一步测试。

室温条件下,LED 指示灯亮,蜂鸣器不响,具体情况如图 3-1-8 所示。温度升高时(如:用电烙铁靠近 RT 热敏电阻),LED 指示灯熄灭,蜂鸣器发出报警声,具体情况如图 3-1-9 所示。

图 3-1-8　室温条件下电路状态

图 3-1-9　高温条件下电路状态

4.电路参数测试

用万用表测试室温条件下和高温条件下,热敏电阻两端电压(或 Ua741 的②号引脚电位)和 Ua741 的③号引脚电位、⑥号引脚电位的变化情况,并记录在表 3-1-3 中。

用万用表测试室温条件下和高温条件下,NE555 的④号引脚电位、③号引脚电位的变化情况,并记录在表 3-1-4 中。

用示波器测试室温条件下和高温条件下,NE555 的②号引脚、③号引脚的输出波形,并记录在表 3-1-5 中。

表 3-1-3　UA741 引脚电位参数记录

测试项目	电压值		
UA741 引脚	②号引脚	③号引脚	⑥号引脚
室温下			
高温下			

表 3-1-4　NE555 引脚电位参数记录

测试项目	电压值		
NE555 引脚	④号引脚	③号引脚	蜂鸣器是否报警
室温下			
高温下			

表 3-1-5　NE555 引脚波形参数记录

测试项目	波形	
NE555 引脚	②号引脚	③号引脚
室温下	 幅值：　　　　频率：	 幅值：　　　　频率：
高温下	 幅值：　　　　频率：	 幅值：　　　　频率：

任务评价

项目三的任务评价,如表 3-1-6 所示。

表 3-1-6　项目三的任务评价

评价项目	任务评价内容	分值	自我评价	小组评价	教师评价
职业素养	遵守实训室规章制度及文明使用实训器材	10			
	按实操流程规定操作	5			
	遵守纪律,提高团队协作能力	5			

续　表

评价项目	任务评价内容	分值	自我评价	小组评价	教师评价
理论知识	掌握温度报警电路的工作原理	10			
	掌握温度报警电路的安装方法	10			
实操技能	温度报警电路安装、调试正确	30			
	参数测量正确	30			
总分		100			
个人学习总结					
小组评价					
教师评价					

🔍 趣味拓展

一个可设置上下限温度报警电路如图 3-1-10 所示，电路主要由热敏电阻、施密特集成电路 CD4093、发光二极管、蜂鸣器等组成。电路分两部分，由 A、B 及 R_1、C_1 组成上限报警功能。而由 C、D 及 R_5、C_2 构成下限报警功能。平时 R_{P_1}、R_{P_2} 分别设置上限和下限两个报警点，使 A 和 C 输入端都为高电平，输出都为低电平而使振荡器都停振。当温度过高时，热敏电阻 R_1 阻值减小，使 A 输出高电平，B 起振，蜂鸣器发出蜂鸣声。同时，发光二极管 LED_1 亮，显示温度过高。温度过低时，热敏电阻 R_2 阻值增大使 C 输出高电平，D 起振，蜂鸣器发出蜂鸣声。发光二极管 LED_2 亮，显示温度过低。

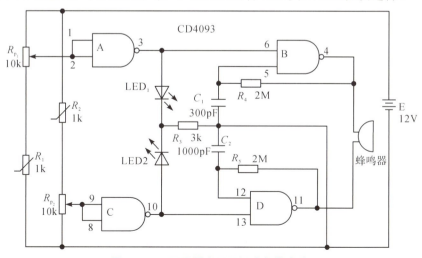

图 3-1-10　可设置上下限温度报警电路

练习与思考

一、填空题

1. 多谐振荡器有＿＿＿＿＿＿＿＿个稳定状态。

2. 多谐振荡器的两个暂稳态之间的转换是通过＿＿＿＿＿＿＿＿来实现的。

3. 555 定时器的 4 脚为复位端,在正常工作时应接＿＿＿＿＿＿电平。

4. 当 555 定时器的 5 脚悬空时,电路内部比较器 C_1、C_2 的基准电压分别是＿＿＿＿＿
＿＿＿＿、＿＿＿＿＿＿。

5. 当 555 定时器的 3 脚输出高电平时,电路内部放电三极管 VT 处于＿＿＿＿＿＿
状态。

二、简答题

照明灯自动控制电路如图 3-1-11 所示,白天照明灯自动熄灭,夜晚自动点亮。图中 R 是一个光敏电阻,当受光照射时电阻变小,当无光照射或光照微弱时电阻增大,试分析其工作原理。

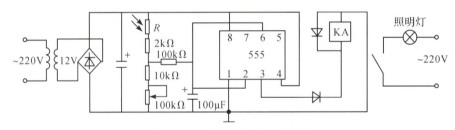

图 3-1-11　照明灯自动控制电路

项目四　有害气体报警器

项目目标

1. 了解有害气体报警电路的组成及工作原理。
2. 学会安装、焊接有害气体报警电路,学会电路的调试方法。
3. 提高电子技术基本技能。
4. 培养对电子科学技术的关注度与兴趣。

任务情境

近年来,随着航运事业的蓬勃发展,越来越多的贸易往来都选择船舶这种经济实惠的工具来进行货物运输。这些货物中包括一些有毒有害的工业原料和产品,也有很多货物,如水稻、麦子等谷物,在运输途中会发生一系列化学和物理变化。如果保管不当,这些货物往往会产生一些有毒有害的气体。这使得广大船员的生命安全、货物安全以及船舶的安全运营遭受严重威胁!因此,应高效、及时地监测船舶密闭空间所存在的有毒有害气体的浓度,以保证船舶的安全航行。有害气体检测报警器如图 4-1-1 所示。

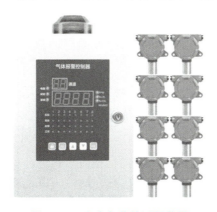

图 4-1-1　有害气体检测报警器

任务准备

1.有害气体报警电路原理

有害气体报警电路原理如图 4-1-2 所示。

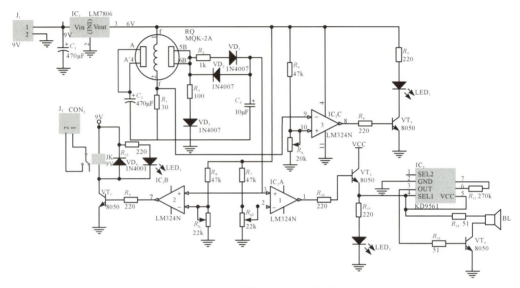

图 4-1-2　有害气体报警电路原理

2.有害气体报警电路原理分析

该装置由气敏传感器 MQ-2 和一块集成电路四位比较器 IC_2(LM324)为主,由晶体管 VT_1 和继电器 JK 的继电器开关电路,晶体管 VT_2、VT_3、VT_4,语音集成 IC_3(KD9561),蜂鸣器 BL,发光二极管 $LED_1 \sim LED_3$ 等组成。该装置对室内有毒气体分两次浓度检测,在有害气体浓度达到 0.15%(CO 浓度为 0.03%)时,排气扇首先自动启动;当有害气体排除、空气洁净后,排气扇自动关闭。在有害气体泄漏严重、排气无效、浓度达到 0.2%(CO 浓度大于 0.03%)时,报警电路发出声光报警。调节 R_{P_1} 可使 LED_1 正常时熄灭,调节 R_{P_2} 可调整声光报警的启动点,调节 R_{P_3} 可调整排气扇的启控点。

当气敏传感器 MQ-2 加热极(H-H')烧断时,IC_2 比较器"9"脚输入低电平,IC_2 的 C 比较器翻转,"8"脚输出高电平,VT_4 导通,LED_1 点亮,以示电路检测功能失效;VD_3 为温度补偿二极管;R_2、VD_1、VD_2、C_3 组成开机 RC 延时电路。可避免开机误报警,R_2 的阻值可根据延迟时间的长短选择。

电路在正常状态下,有毒气体浓度低于 0.15%(CO 浓度为 0.03%)时,气敏传感器 MQ-2 经过 VD_1 的输出信号电平为低电平,加在 IC_2 的 A 和 B 两个比较器的"3""5"脚的电平低于"2""6"脚的基准电平,"1""7"脚输出低电平,晶体管 VT_2、VT_1 截止,所以报警电路及排气扇均不能启动。

在有害气体浓度达到 0.15%（CO 浓度为 0.03%）时，气敏传感器 MQ-2 经过 VD_1 的输出信号电平为高电平，加在 IC_2 的 B 比较器的"5"脚电平，高于"6"脚的基准电平，"7"脚输出高电平，晶体管 VT_1 导通，继电器 JK 吸合，排气扇启动。但如果气敏传感器 MQ-2 经过 VD_1 输出的高电平仍低于 IC_2 的 A 比较器的"2"脚基准电平，VT_2 仍截止，报警电路不会启动。

在有害气体浓度达到 0.2%（CO 浓度大于 0.03%）时，气敏传感器 MQ-2 经过 VD_1 的输出信号电平为更高电平，如果高于 IC_2 的 A 比较器的"2"脚的基准电平，"1"脚输出高电平，晶体管 VT_2 导通，蜂鸣器 BL 发出报警声音，发光二极管 LED_3 也点亮。

 任务实施

1.元器件识别与检测

在进行电路的制作之前，元器件的识别与检测非常关键，按照表 4-1-1 逐个对元器件进行识别与检测，并将检测结果填入表 4-1-1。特别是气敏传感器质量的检测，它是电路工作和功能实现的关键。

表 4-1-1 有害气体报警电路元器件识别与检测

代号	元件名称	型号或规格	实物	检测结果
R_1	电阻	30Ω		实测值：
R_2		1kΩ		实测值：
R_3		100Ω		实测值：
R_4、R_7、R_8		47kΩ		实测值：
R_5、R_6、R_9、R_{10}、R_{12}、R_{15}		220Ω		
R_{11}		270kΩ		
R_{13}、R_{14}		51Ω		实测值：
BL	蜂鸣器	有源蜂鸣器 5V		正负极性： 质量：
C_1、C_2、C_3	电解电容	470μF/25V 10μF/25V		正负极性： 质量：

代号	元件名称	型号或规格	实物	检测结果
IC$_1$	三端集成稳压	LM7805		引脚顺序： 质量：
R_{P_1}、R_{P_2}、R_{P_3}	电位器	203（20K）		实测值：
LED$_1$、LED$_2$、LED$_3$	发光二极管	LED 5MM		正负极性： 质量：
MQK-2A	气敏传感器	MQ-2		引脚顺序： 质量：
VD$_1$、VD$_2$、VD$_3$、VD$_4$	二极管	1N4007		正负极性： 质量：
VT$_1$、VT$_2$、VT$_3$、VT$_4$	三极管	8050		引脚顺序： 质量：
JK	继电器	5V 继电器		引脚顺序： 质量：
IC$_2$	集成电路	LM324		引脚顺序： 引脚识别：
IC$_3$	集成电路	KD9561		引脚顺序： 引脚识别：
	芯片底座	8P		
Y	直流风扇	12V		正负极性： 质量：
J$_1$、J$_2$	引脚间距 2.54mm	引脚间距 2.54mm		

2.电路安装与制作

(1)按照工艺要求,完成对元器件的引脚成型加工。

(2)在 PCB 电路板上依次进行元器件的排列、插装。

(3)按焊接工艺要求对元器件进行焊接,检查焊点有无焊接缺陷。

(4)焊接电源输入线或输入端子。

有害气体报警实物电路如图 4-1-3 所示,其中,色环电阻、三端稳压电源、音乐芯片、二极管采用卧式安装,电解电容、三极管、蜂鸣器、发光二极管、气敏传感器、电位器、继电器采用立式安装,LM324 集成电路采用底座安装。

图 4-1-3　有害气体报警实物电路

3.电路功能测试

步骤 1:测试仪器的准备。

9V 直流电源、数字万用表、示波器。

步骤 2:测试前的检查。

(1)检查元器件安装位置是否正确,电极电容、二极管等有极性的元件是否装错。

(2)检查元件引脚是否存在漏焊、虚焊等现象。

(3)用万用表检测电源输入端电阻,判断是否存在短路现象。

步骤 3:通电观察。

上述检测无误后,将直流 9V 电源接入电路,观察电路是否冒烟、元器件是否烫手等,完全正确后进入下一步测试。

为了更好地实现电路功能,在装配与调试过程中,可适当调整电路元器件的参数;注意调整电位器 R_{P_1}、R_{P_2}、R_{P_3} 达到电路所要求的功能。实际调试过程中可以利用香烟、酒精及洗板水等常用物品来模拟有害气体,检测电路的反应情况,而对于气体的浓度可以通过调整 R_{P_2} 和 R_{P_3} 来假定有害气体的标准浓度,将 IC_2 的"6"脚电压调整到 1V 来作为有害气体浓度达到 0.15% 的标准值,将 IC_2 的"2"脚电压调整到 1.2V 来作为有害气体浓度达到 0.2% 的标准值。另外在调试过程中也可能受到周围环境的影响,具体标准电压值也可自行设定。

当外界无有害气体泄漏条件下,3 个 LED 指示灯不亮,蜂鸣器不响,具体情况如图 4-1-4 所示;当有有害气体泄漏时(如:用打火机泄漏气体),排气扇自动启动,随着气体浓度的上升,报警电路发出声光报警,具体情况如图 4-1-5 所示;当有害气体排除,空气洁净后,排气扇自动关闭,声光报警停止。

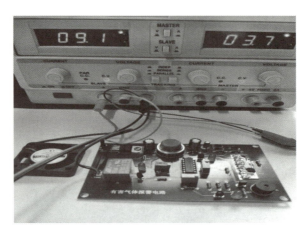

图 4-1-4 正常条件下电路状态

图 4-1-5 有害气体浓度高时电路状态

4.电路参数测试

用万用表测试在通电条件下,LM7805 的输入端(①号引脚)、输出端(③号引脚)、接地端(②号引脚),并记录在表 4-1-2 中。

用万用表测试无有害气体泄漏条件下和有有害气体泄漏条件下,LM324 的④号引脚、⑪号引脚、①号引脚、②号引脚、③号引脚、⑤号引脚、⑥号引脚、⑦号引脚、⑧号引脚、⑨号引脚、⑩号引脚的电压,并记录在表 4-1-3 中。

用示波器测试无有害气体泄漏条件下和有有害气体泄漏条件下,KD9561 的③号引脚的输出波形,并记录在表 4-1-4 中。

表 4-1-2 LM7805 引脚电位参数记录

测试项目	电压值		
	①号引脚	②号引脚	③号引脚
LM7805 引脚电位			

表 4-1-3 LM324 引脚电位参数记录

测试项目	电压值											蜂鸣器	风扇
LM324 引脚	④	⑪	①	②	③	⑤	⑥	⑦	⑧	⑨	⑩		
无气体泄漏													
有气体泄漏													

表 4-1-4 KD9561 引脚波形参数记录

测试项目	波形
KD9561 引脚	③号引脚
无气体泄漏	幅值： 频率：
有气体泄漏	幅值： 频率：

任务评价

项目四的任务评价,如表 4-1-5 所示。

表 4-1-5 项目四的任务评价

评价项目	任务评价内容	分值	自我评价	小组评价	教师评价
职业素养	遵守实训室规章制度及文明使用实训器材	10			
	按实操流程规定操作	5			
	遵守纪律,提高团队协作能力	5			

续 表

评价项目	任务评价内容	分值	自我评价	小组评价	教师评价
理论知识	掌握有害气体报警电路的工作原理	10			
	掌握有害气体报警电路的安装方法	10			
实操技能	有害气体报警电路安装、调试正确	30			
	参数测量正确	30			
总分		100			
个人学习总结					
小组评价					
教师评价					

知识加油站

1.气敏传感器 MQ-2

MQ-2 气敏传感器广泛应用于家庭和工厂的气体泄漏监测装置,适用于液化气、苯、烷、酒精、氢气、烟雾等的探测,是一个多种气体探测器。它具有灵敏度高、响应快、稳定性好、寿命长、驱动电路简单等特点。MQ-2 的外形和结构如图 4-1-6 所示,由微型 Al_2O_3 陶瓷管、SnO_2 敏感层、测量电极和加热器构成的敏感元件固定在塑料或不锈钢制成的腔体内,加热器为气敏元件提供了必要的工作条件。封装好的气敏元件有 6 只针状管脚,其中 4 个用于信号取出,2 个用于提供加热电流。

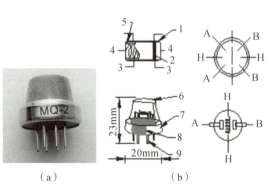

序号	部件	材料
1	气敏传感器	二氧化锡
2	电极	金(Au)
3	测量电极引线	铂(Pt)
4	加热器	镍铬合金(Ni-Cr)
5	陶瓷管	三氧化二铝
6	防爆网	100目双层不锈钢
7	卡环	镀镍铜材(Ni-Cu)
8	基座	胶木
9	针状管脚	镀镍铜材(Ni-Cu)

（a） （b）

图 4-1-6 MQ-2 外形及结构图

MQ-2 气敏传感器属于二氧化锡半导体气敏材料,属于表面离子式 N 型半导体。处于 200～300℃时,二氧化锡吸附空气中的氧,形成氧的负离子吸附,使半导体中的电子密度减小,从而使其电阻值增加。当与烟雾接触时,如果晶粒间界处的势垒收到烟雾的调至而变化,就会引起表面导电率的变化。利用这一点就可以获得这种烟雾存在的信息,烟雾的浓度越大,导电率越大,输出电阻越低,则输出的模拟信号就越大。MQ-2 气敏传感器在不同气体、不同浓度下的灵敏度特性,如图 4-1-7 所示。

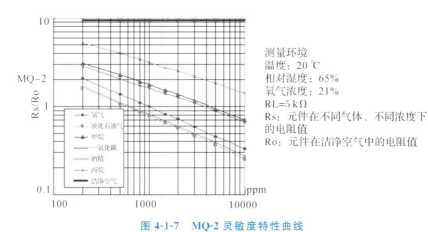

图 4-1-7　MQ-2 灵敏度特性曲线

可见 MQ-2 气敏元件对不同种类、不同浓度的气体有不同的电阻值。因此,在使用此类型气敏元件时,灵敏度的调整是很重要的。

2. LM324 运算放大器

LM324 是四运放集成电路,内含 4 个独立的高增益、频率补偿的运算放大器,既可接单电源使用(3～30V),也可按双电源使用(±1.5～±15V),驱动功耗低,可与 TTL 逻辑电路相容。广泛应用于传感器放大器、直流增益模块等场合。LM324 的外形及引脚结构如图 4-1-8 所示。

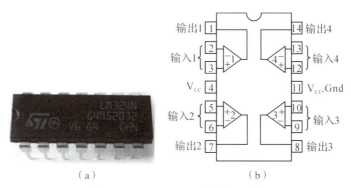

（a）　　　　　　　　　　　（b）

图 4-1-8　LM324 外形及引脚结构

每一组运算放大器可用图 4-1-9 所示的符号来表示,它有 5 个引脚,其中"＋""－"为两个信号输入端,"$U+$""$U-$"为正、负电源端,"$U_\circ$"为输出端。两个信号输入端中,

"$Ui-$"为反相输入端,表示运放输出端 U_o 的信号与该输入端的相位相反;"$Ui+$"为同相输入端,表示运放输出端 U_o 的信号与该输入端的相位相同。

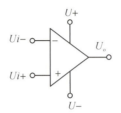

图 4-1-9　运算放大器

3. 继电器

继电器是用电流控制电流的一种自动开关,是一种常用的执行部件。主要作用是用低电压、小电流信号,控制高电压、大电流工作设备的正常运行,还可以实现远程操作、自动控制。按继电器输入物理量的不同,可分为电磁继电器、时间继电器、温度继电器、热继电器等,其中常见的是电磁继电器。按照输入电路的控制电流是直流或交流,又可相应地把电磁继电器分为直流电磁继电器和交流电磁继电器。直流电磁继电器的外形及结构如图 4-1-10 所示。

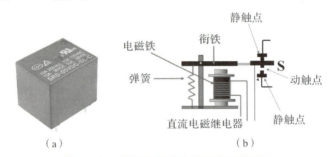

（a）　　　　　　　　　　　　　（b）

图 4-1-10　直流电磁继电器的外形及结构

当电磁继电器线圈两端加上一定的电压或电流,线圈产生的磁通通过铁芯、轭铁、衔铁、磁路工作气隙组成的磁路,在磁场的作用下,衔铁吸向铁芯极面,从而推动常闭触点断开,常开触点闭合;当线圈两端电压或电流小于一定值,机械反力大于电磁吸力时,衔铁回到初始状态,常开触点断开,常闭触点接通。图 4-1-11 为继电器的铭牌及引脚示意图。

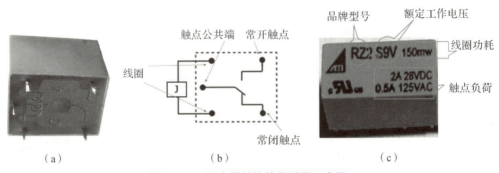

（a）　　　　　　　　　　　（b）　　　　　　　　　　　（c）

图 4-1-11　继电器的铭牌及引脚示意图

4.KD9561 音乐芯片

KD9561 是一片 CMOS 四音音乐 IC,用示波器观察其输出端波形为变频方波信号,可以认为是逻辑电路中的数字信号。KD9561 的外形及引脚结构如图 4-1-12 所示。

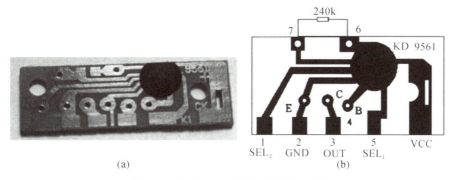

图 4-1-12　KD9561 的外形及引脚结构

SEL$_1$ 和 SEL$_2$ 是音乐选择端,两个端口接入不同的信号,可以模拟四种声音,如表 4-1-6 所示。

表 4-1-6　KD9561 四种声音状态

声音种类	SEL$_1$	SEL$_2$
警车报警声	悬空	悬空
机枪声	悬空	VCC
救护车声	GND	悬空
消防车声	VCC	悬空

趣味拓展

如图 4-1-13 所示的有毒有害气体报警电路,由降压整流与稳压电路、气敏传感元件和触发、报警音响电路等组成。降压整流与稳压电路由变压器 B、桥氏整流电路、集成稳压电源 7805 等组成。触发、报警音响电路由可控多谐振荡器(555、R_2、W_2、C_4)和扬声器 Y 等组成。半导体气敏元件采用 QM-25 型,其适用于煤气、天然气、汽油、醇、醚类及各种烟雾的报警,其要求加热电压稳定,故采用 7805 对灯丝电压进行稳压,且要求开机预热 3 分钟。

当气敏元件 QM 接触到可燃性气体或烟雾时,其 A—B 极间的电阻降低,从而使该电阻与 W_1 的分压上升,相应 555④脚电位上升,当④脚的电位上升到 1V 以上时,555 起振,其振荡频率为 $f=1.44/(R_2+2Rw_2)C_4$。图中所示参数对应的频率约为 0.6~8kHz。调节电位器 W_2,使其频率为 1.5kHz 即可。相应 555 的输出端③脚的输出信号推动扬声器 Y 发出报警声。

正常情况下,气敏元件的 A—B 极间的阻值较大,该电阻与 W_1 的分压减小,相应使 555④脚处于低电平,555 停振,扬声器 Y 不工作。

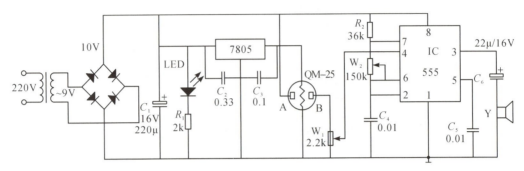

图 4-1-13　有毒有害气体报警电路

练习与思考

一、填空题

1. MQ-2 气敏传感器属于＿＿＿＿＿＿气敏材料,属于表面离子式＿＿＿＿＿＿半导体。

2. LM324 是＿＿＿＿＿＿集成电路,＿＿＿＿＿＿脚接负电源,＿＿＿＿＿＿脚接正电源。

3. 集成运算放大器中,$Ui-$ 为＿＿＿＿＿＿,表示运放输出端 $U_。$ 的信号与该输入端的相位＿＿＿＿＿＿;$Ui+$ 为＿＿＿＿＿＿,表示运放输出端 $U_。$ 的信号与该输入端的相位＿＿＿＿＿＿。

4. 继电器是用电流控制电流的一种自动开关,主要作用是用＿＿＿＿＿＿＿＿＿信号,控制＿＿＿＿＿＿＿＿＿工作设备的正常运行。

5. 按继电器输入物理量的不同,可分为＿＿＿＿＿＿、＿＿＿＿＿＿、＿＿＿＿＿＿、＿＿＿＿＿＿等,其中常见的是电磁继电器。

二、简答题

1. 直流电磁继电器如图 4-1-14 所示,请分析其结构特点并读出主要参数。

图 4-1-14 直流电磁继电器

2. 简易的气体报警电路如图 4-1-15 所示,其中 MQK-2 是气敏元件,右边的 IC 和 HA 扬声器为电路声音报警部分。

(1)该电路如何实现有害气体报警?

(2)若要加入声光报警并改变声音和闪光的频率,电路该如何设计?

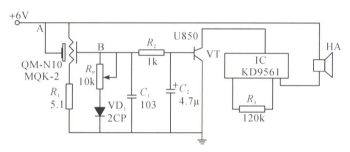

图 4-1-15 简易的气体报警电路

项目五　智能人流系统

项目目标

1. 了解智能人流控制器的组成,学会识别基本电子元器件。
2. 学会安装、焊接智能人流控制器电路,学会电路的调试方法。
3. 掌握智能人流控制器的基本安装流程。

任务一　智能人流系统硬件

任务情境

船舶作为海上运输的主要交通工具,船舱内分为危险区和安全区,为了监控各个船舱内的人员数量,从而保证各个船舱的安全,将智能人流系统安装在各个密闭船舱的入口,实时对各个密闭船舱进行数据监控和分析,在危险区中通过实时的人流检测确保船舱中无船员后开始正常工作,从而保证船员们的安全。智能人流系统如图 5-1-1 所示。

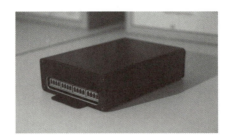

图 5-1-1　智能人流系统

任务准备

1. 智能人流系统控制器

智能人流系统控制器包含微机最小工作系统、电源模块、传感器接口模块、继电器输出模块和 RS485 通信模块。作为整个系统的核心,智能人流系统控制器具有传感器数据的检测与计算、刷新 LED 显示器屏幕上的显示和控制外围设备的开关等功能。智能人流系统控制器如图 5-1-2 所示。

图 5-1-2　智能人流系统控制器

（1）微机最小工作系统

本系统选用的微机为 STM32F103RBT6 系列芯片,作为控制器的核心,它具有以下特点:内核为 ARM32-bit Cortex-M3 CPU,最大主频为 72MHz;拥有的 Flash 大小为 128kb;供电电压的范围为 2.0～3.6V,并且运行的功率很低;内部最多拥有 80 个快速 I/O;支持 SWD 和 JTAG 调试接口;芯片拥有丰富的外设接口,如 USB、CAN、7 个定时器、2 路 ADC、SPI 等等;拥有 LQFP 和 BGA 等封装形式。

STM32F103RBT6 最小系统原理图,如图 5-1-3 所示。选用了 8M 的外部晶振作为时钟,SWD 接口作为在线仿真和调试的接口。

（2）系统供电

本系统的输入电压为直流 24V,系统内部需要 5V 和 3.3V 两路电压。本系统选用了 MP2451DT 系列芯片将输入的 24V 电压转为 5V,具体情况如图 5-1-4 所示。选用了 LM1117IMPX-3.3 将 5V 电压转为 3.3V,具体情况如图 5-1-5 所示。

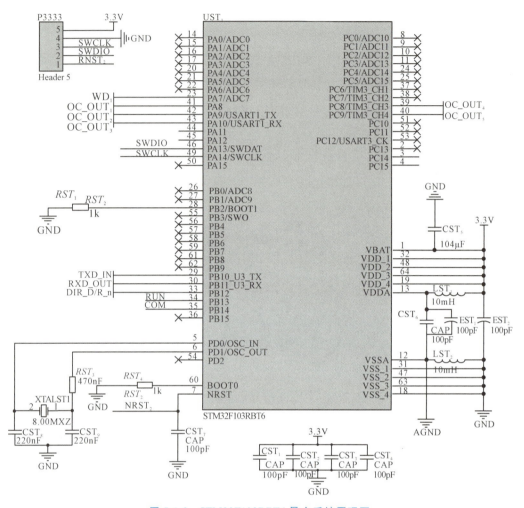

图 5-1-3　STM32F103RBT6 最小系统原理图

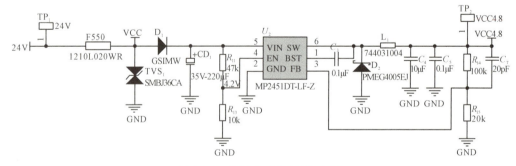

图 5-1-4　24V 转 5V 电压原理图

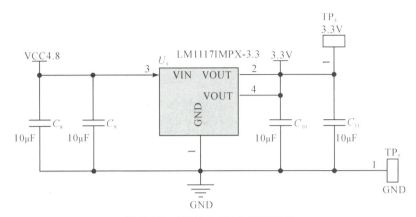

图 5-1-5　5V 转 3.3V 电压原理图

（3）通信接口

控制器与 LED 显示屏通过 RS485 串口通信，所以控制器中需要设计 RS485 电路。RS485 电路原理图如图 5-1-6 所示。

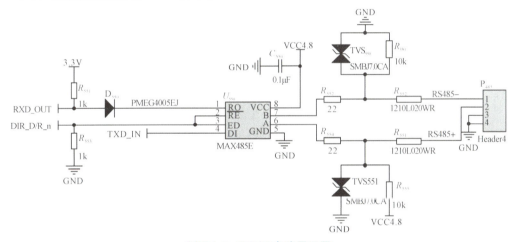

图 5-1-6　RS485 电路原理图

本系统选用了美信公司的 MAX485E 芯片，该芯片可以将微机产生的 TTL 信号转换为 RS485 信号。RS485 信号在通信中抗干扰能力强，可以保证在环境相对恶劣的船舱里通信总线的稳定。RS485 有两线制和四线制 2 种接线，四线制只能实现点对点的通信方式，现很少采用；现多采用的是两线制接线方式，这种接线方式为总线式拓扑结构，在同一总线上最多可以挂接 32 个节点。

（4）传感器接口

传感器信号线的电平为 10～30V，微机接收信号的电平为 3.3V，所以本系统通过光耦隔离设计了一套电平转换的电路，具体情况如图 5-1-7 所示。光耦隔离通过采用光耦合器进行隔离，光耦合器的结构相当于把发光二极管和光敏（三极）管封装在一起。发光二极管把输入的电信号转换为光信号传给光敏管转换为电信号输出，由于没有直接的电气连接，这样既耦合传输了信号，又有隔离作用。

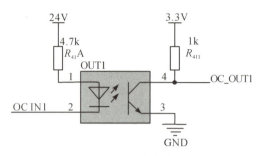

图 5-1-7　光耦隔离电路原理图

（5）继电器输出接口

控制器通过继电器输出电路控制外部的开关量，电路中的 MOS 管用来驱动继电器的线圈，具体情况如图 5-1-8 所示。

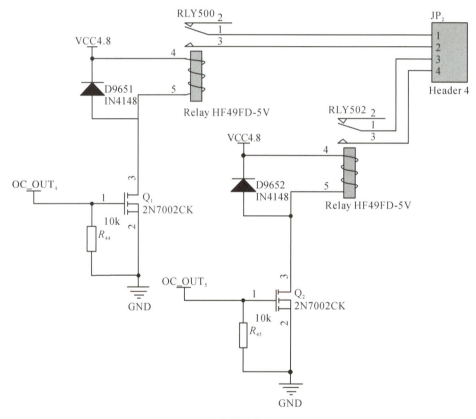

图 5-1-8　继电器输出电路原理图

2. LED 显示屏

LED 显示屏是本系统中人机交互的一部分，具有实时显示室内人数、无人报警、自动节能提示等功能。显示屏选用单色 LED，支持 32×32 中文和 16×16 英文、数字显示，如图 5-1-9 所示。

图 5-1-9　LED 显示屏

3.红外对射传感器

两路红外对射传感器的主要功能是检测人流方向和判断是否有人进出船舱。红外光电开关通常有漫反射型、镜面反射型和对射型 3 种。由于我们项目使用场合在船舱，为了系统的效果和安装方便，本系统选用阳明 FOTEK 公司的对射型光电开关，型号为 T18-30MX。红外对射型光电开关如图 5-1-10 所示。

图 5-1-10　红外对射型光电开关

红外对射型光电开关接线如图 5-1-11 所示。

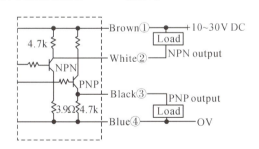

图 5-1-11　红外对射型光电开关接线

 任务实施

1.元器件识别与检测

在进行电路制作之前，元器件的识别与检测非常关键，按照表 5-1-1 逐个对元器件进行识别与检测，并将检测结果填入表 5-1-1。

表 5-1-1 智能人流控制系统电路元器件识别与检测

元件名称	代号	型号或规格	实物	检测结果
电阻	R_{552}、R_{554}	22Ω(2 只)		实测值：
	RST_3	470Ω(1 只)		实测值：
	RST_1、RST_4、RST_5、R_{50}、R_{56}、R_{411}、R_{112}、R_{113}、R_{551}、R_{553}、R_{101}、R_{102}、R_{100}	1kΩ(10 只)		实测值：
	R_{44}	2kΩ(1 只)		实测值：
	R_{41}、R_{42}、R_{43}	4.7kΩ(3 只)		实测值：
	R_{444}	15kΩ(1 只)		实测值：
	R_{15}	20kΩ(1 只)		实测值：
	R_{11}	47kΩ(1 只)		实测值：
	R_{14}	100kΩ(1 只)		实测值：
	R_{13}、R_{445}、R_{446}、R_{550}、R_{555}、R_{44}、R_{45}	10kΩ(5 只)		实测值：
电解电容	CD_1	35V-220μF		正负极性： 质量：
瓷片电容	CST_8、CST_9	220nF(2 只)		容量的识读： 质量：
	C_7	20pF(1 只)		
	CST_1、CST_2、CST_3、CST_4、EST_1、EST_2、CST_6、CST_7	100pF(8 只)		
	C_{550}、C_3、C_5、CST_5	0.1μF(5 只)		
	C_4、C_8、C_9、C_{10}、C_{11}	10μF(5 只)		
MOS 管	Q_1、Q_2	60V		质量：
电感	LST_1、LST_2	10mH		质量：

元件名称	代号	型号或规格	实物	检测结果
二极管	TVS₁	SMBJ36CA		质量：
	TVS₅₅₀、TVS₅₅₁	SMBJ7.0CA		质量：
	D₁	GSIMW		质量：
	D₂	PMEG4005EJ		质量：
	D₅₅₀	PMEG4005EJ		质量：
	D₉₆₅₁	1N4007		质量：
集成电路	U₂	MP2451DT-LF-Z		引脚顺序： 引脚识别：
集成电路	U₃	LM1117IMPX-3.3		引脚顺序： 引脚识别：
集成电路	U₅₅₀	MAX485E		引脚顺序： 引脚识别：
集成电路	UST₁	STM32F103RBT6		引脚顺序： 引脚识别：
集成电路	OUT₁、OUT₂、OUT₃	TLP292		引脚顺序： 引脚识别：
贴片晶振	XTALST1	8.00MXZ		质量：
接插件	P3333	HDR1X5		质量：

2.电路安装与制作

(1)按照工艺要求,完成对元器件的引脚成型加工。

(2)在 PCB 电路板上依次进行元器件的排列、插装。

(3)按焊接工艺要求对元器件进行焊接,检查焊点有无焊接缺陷。

(4)焊接电源输入线或输入端子。

智能人流系统控制实物电路,如图 5-1-12 所示。

图 5-1-12　智能人流系统控制实物电路

3. 智能人流系统控制板接线

智能人流系统供电电源为 24V，LED 显示屏通过 RS485 总线进行通信，两路外接继电器接口，两路红外探测头接口，具体情况如图 5-1-13 所示。

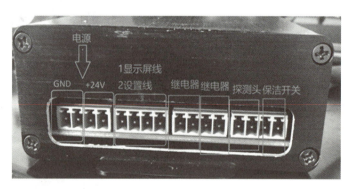

图 5-1-13　智能人流系统控制板接线图

任务评价

项目五任务一的任务评价，如表 5-1-2 所示。

表 5-1-2　项目五任务一的任务评价

评价项目	任务评价内容	分值	自我评价	小组评价	教师评价
职业素养	遵守实训室规章制度及文明使用实训器材	10			
	按实操流程规定操作	5			
	遵守纪律,提高团队协作能力	5			
理论知识	掌握智能人流系统电路的工作原理	10			
	掌握智能人流系统电路的安装方法	10			
实操技能	智能人流系统电路安装、调试正确	30			
	参数测量正确	30			
总分		100			
个人学习总结					
小组评价					
教师评价					

任务二　智能人流系统软件

任务情境

为了检测船舱危险区的人员情况,需要实时观察危险区的人员动态。智能人流系统通过在各个船舱安装终端,通过 RS485 总线将数据汇总到服务器,操作人员通过监控服务器中的数据,有效地控制工作流程,保障船员们的安全。智能人流系统软件如图 5-2-1 所示。

图 5-2-1　智能人流系统软件

任务准备

1. KEIL 开发平台

KEIL C51 是美国 KEIL Software 公司出品的 51 系列兼容单片机 C 语言软件开发系统,与汇编相比,C 语言在功能、结构性、可读性、可维护性上有明显的优势,因而易学易用。KEIL 提供了包括 C 编译器、宏汇编器、连接器、库管理和功能强大的仿真调试器等在内的完整开发方案,通过一个集成开发环境(μVision)将这几部分组合在一起。随后 KEIL 推出基于 μVision 的界面,用于调试 ARM7、ARM9、Cortex-M 内核的 MDK-ARM 开发工具,并用于控制领域的开发,具体情况如图 5-2-2 所示。

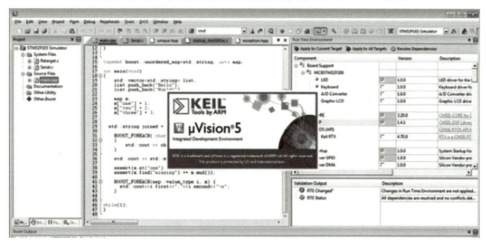

图 5-2-2　μVision5 IDE 集成开发界面

Keil C51 具有以下功能特点：

● 完美支持 Cortex-M V8、Cortex-M、Cortex-A、Cortex-R4、ARM7 和 ARM9 系列器件。

● 可使用在安全性要求较高的应用中和工程需要编译器长期支持的环境中。

● 行业领先的 ARM C/C++ 编译工具链。

● 稳定的 KEIL RTX，小封装实时操作系统（带源码）。

● μVision5 IDE 集成开发环境、调试器和仿真环境。

● TCP/IP 网络套件提供多种协议和各种应用。

● 保证 IoT 应用安全连接到互联网。

● 提供带标准驱动类的 USB 设备和 USB 主机栈。

● 为带图形用户接口的嵌入式系统提供了完善的 GUI 库支持。

● ULINKpro 可实时分析运行中的应用程序，且能记录 Cortex-M 指令的每一次执行。

● 关于程序运行的完整代码覆盖率信息。

● 执行分析工具和性能分析器可使程序得到最优化。

● 大量的项目例程帮助你快速熟悉 MDK-ARM 强大的内置功能。

● DS-MDK Streamline 实现 Cortex-A/Cortex-M 异构下的性能分析。

● 符合 CMSIS（Cortex 微控制器软件接口标准）。

2. J-Link 仿真器

J-Link 是 SEGGER 公司为支持仿真 ARM 内核芯片推出的 JTAG 仿真器。配合 IAR EWAR、ADS、KEIL、WINARM、RealView 等集成开发环境支持 ARM7/ARM9/ARM11、Cortex M0/M1/M3/M4、Cortex A5/A8/A9 等内核芯片的仿真，与 IAR，KEIL 等编译环境无缝连接，操作方便、连接方便、简单易学，是学习开发 ARM 最好、最实用的开发工具。J-Link 实物如图 5-2-3 所示。

图 5-2-3　J-Link 实物图

产品规格：

(1)电源：USB供电，整机电流＜50mA。支持的目标板电压：1.2～3.3V，5V兼容。目标板供电电压：4.5～5V(由USB提供5V)。目标板供电电流：最大300mA，具有过流保护功能。

(2)工作环境温度：＋5～＋60℃。存储温度：－20～＋65℃。湿度：＜90％。

(3)尺寸(不含电缆)：100mm×53mm×27mm。重量(不含电缆)：70g。

(4)电磁兼容：EN 55022，EN 55024。

3.RTOS系统移植

(1)嵌入式系统

嵌入式开发就是指在嵌入式操作系统下进行开发，一般常用的系统有WinCE，ucos，vxworks，linux，android等。另外用C、C++或汇编开发，用高级处理器ARM7，ARM9，ARM11，powerpc，mips，mipsel等，以及用操作系统也属于嵌入式的开发。

嵌入式系统是指以应用为中心，以计算机技术为基础，软件硬件可裁剪，适应应用系统对功能、可靠性、成本、体积、功耗严格要求的专用计算机系统。举例来说，大到油田的集散控制系统和工厂流水线，小到家用VCD机或手机，甚至组成普通PC终端设备的键盘、鼠标、硬盘、Modem等均是由嵌入式处理器控制的。

嵌入式系统无疑是当前最热门最有发展前途的IT应用领域之一。嵌入式系统用在一些特定专用设备上，通常这些设备的硬件资源(如处理器、存储器等)非常有限，并且对成本很敏感，有时对实时响应要求很高。特别是随着消费家电的智能化，嵌入式系统更显重要。

像我们平常见到的手机、PDA、电子词典、可视电话、VCD/DVD/MP3 Player、数字相机(DC)、数字摄像机(DV)、U-Disk、机顶盒(Set Top Box)、高清电视(HDTV)、游戏机、智能玩具、交换机、路由器、数控设备或仪表、汽车电子、家电控制系统、医疗仪器、航天航空设备等等都采用典型的嵌入式系统。

(2)系统调度

实时系统对响应时间有非常严格的要求，尤其是在硬实时系统中，没有满足响应时间的上限将视为系统失败。影响RTOS响应时间的一个重要方面就是任务调度算法。在RTOS中，主要的调度算法是基于任务优先级的抢占式调度。在这种调度算法中，系统总是选择优先级别最高的算法进行调度，并且一旦高优先级别的任务准备就绪，它就会马上被调度，而不等待其他低优先级的任务主动放弃CPU。这和通用OS的时间片轮转调度算法是不一样的，在时间片轮转调度算法中，只有等任务主动放弃CPU，高优先级的任务才有调度的优先权。在基于任务优先级抢占式调度算法中，会产生一个优先级反转问题。解决这个问题的方式主要包括继承优先级策略和天花板策略。继承优先级策略是一旦高优先级的任务所需要的竞争资源被低优先级的任务使用，就提高低优先级的任务的优先级别,从而使得竞争资源尽快释放。天花板策略是在创建信号量的时候,根据可能使用该信号量的所有任务的最高优先级别来设置当前任务的优先级,这个优先级是由创建资源的用户来决定的。抢占式调度算法中任务抢占如图 5-2-4 所示。

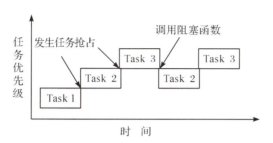

图 5-2-4　抢占式调度算法中的任务抢占

时间片机制保证了所有的软件线程都能够被执行,这样也就避免了某些软件线程长期占据硬件线程,而导致其他软件运行线程出现饥饿的情况。但是,操作系统的时间片轮转调度方案也将导致额外的任务,随着软件线程的增多,这种任务将会急剧增加,进而降低系统性能。时间片轮转调度算法中进程的五态模型如图 5-2-5 所示。

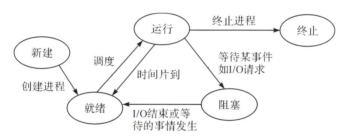

图 5-2-5　时间片轮转调度算法进程的五态模型

4.智能人流检测算法

两个红外对射传感器前后安装在门上并在一个水平线上,保持 10cm 的间距。当人通过时,两个传感器先后被触发,得到的波形具体情况如图 5-2-6 所示,当 TI_1 先触发,TI_2 后触发时,计数器向上计数,并且 TI_1 总是超前 TI_2。当 TI_2 先触发时,TI_1 后触发,计数器向下计数,并且 TI_2 总是超前 TI_1。当碰到毛刺的情况时,计数器不计数。

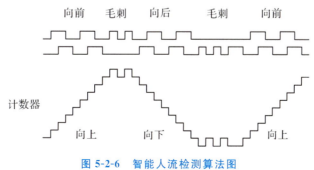

图 5-2-6　智能人流检测算法图

5. Modbus 寄存器配置

Modbus 是一种串行通信协议,是 Modicon 公司(现在的施耐德电气,Schneider Electric)于 1979 年为使用可编程逻辑控制器(PLC)通信而发布的。Modbus 已经成为工业领域通信协议的业界标准(De facto),并且现在是工业电子设备之间常用的连接方式。Modbus 比其他通信协议使用更广泛的原因主要有:

(1)公开发表并且无版权纠纷;

(2)易于部署和维护;

(3)对供应商来说,修改移动本地的比特或字节没有很多限制。

Modbus 允许多个(大约 240 个)设备连接在同一个网络上进行通信,并且将结果发送给计算机。在数据采集与监视控制系统(SCADA)中,Modbus 通常用来连接监控计算机和远程终端控制系统(RTU)。

 任务实施

1. 软件工具

智能人流检测系统工具如表 5-2-1 所示。

表 5-2-1　智能人流检测系统工具

序号	工具名称	型号或规格	图片
1	KEIL5	V5.14.0.0	KEIL Tools by ARM µVision®5 Integrated Development Environment
2	J-Link	V8 固件	j-link

续　表

序号	工具名称	型号或规格	图片
3	Modbus 测试软件		
4	Led 调试软件		
5	计算机	Windows	

2. 固件的加载

（1）将智能人流控制器接入电源并将 J-Link 的数据线与控制电路板连接。J-Link 的 USB 端口接入计算机，若 J-Link 连通将会出现 JTAG 的 ID 号，具体情况如图5-2-7 所示。

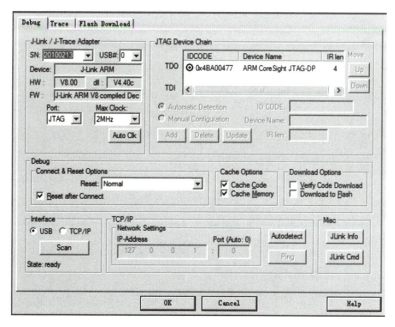

图 5-2-7　JTAG 连通状态

（2）将编译无错误的代码加载到控制板中，具体情况如图 5-2-8 所示。

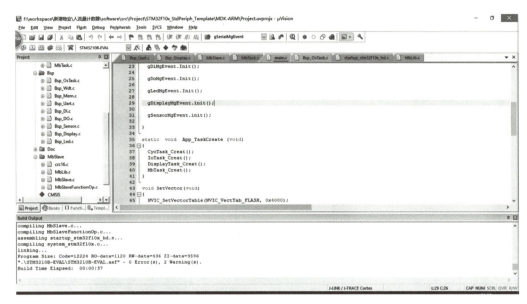

图 5-2-8 KEIL5 编译

（3）固件加载到控制板中若需要在线仿真则按 F5 键运行，具体情况如图 5-2-9 所示。

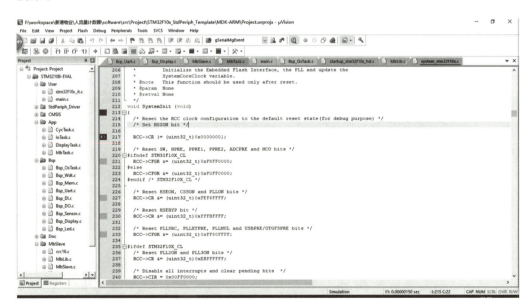

图 5-2-9 KEIL5 系统运行

3. Modbus 软件设置寄存器

打开如图 5-2-10 所示的 Modbus 仿真软件，选择串口号，设置相对应的串口波特率。

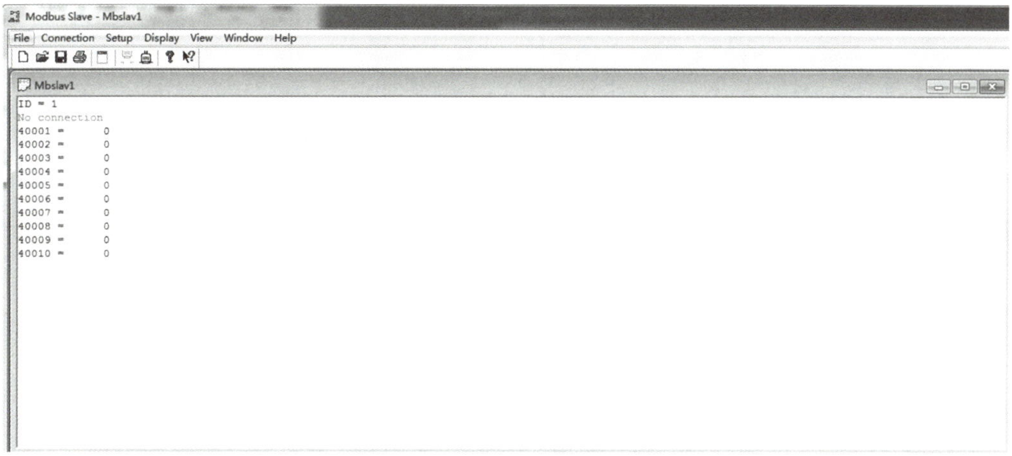

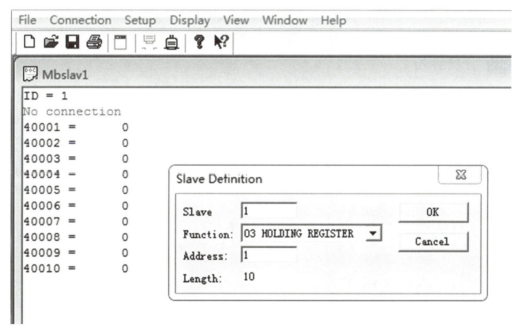

图 5-2-10 Modbus 仿真软件

在 Modbus 协议中若设置寄存器,在软件中选择设置寄存器功能码,并选择从站的地址以及设置寄存器的地址、长度,具体情况如图 5-2-11 所示。

图 5-2-11 设置 Modbus 寄存器

在 Modbus 协议中若读取寄存器值,在软件中选择读取寄存器功能码,并选择从站的地址以及设置寄存器的地址、长度,具体情况如图 5-2-12 所示。

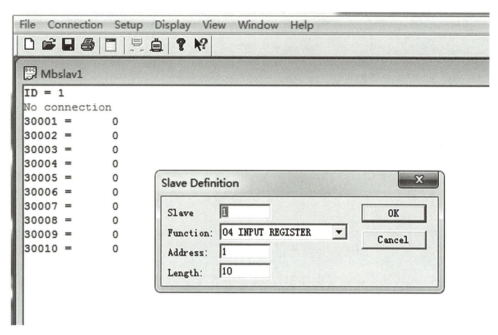

图 5-2-12　读取 Modbus 寄存器

任务评价

项目五任务二的任务评价，如表 5-2-2 所示。

表 5-2-2　项目五任务二的任务评价

评价项目	任务评价内容	分值	自我评价	小组评价	教师评价
职业素养	遵守实训室规章制度及文明使用实训器材	10			
	按实操流程规定操作	5			
	遵守纪律，提高团队协作能力	5			
理论知识	掌握嵌入式系统的工作原理	10			
	掌握 KEIL 软件的配置方法	10			
实操技能	智能人流系统配置正确	30			
	通过 J-Link 加载固件	30			
总分		100			
个人学习总结					

续　表

评价项目	任务评价内容	分值	自我评价	小组评价	教师评价
小组评价					
教师评价					

练习与思考

一、填空题

1. STM32F103RBT6 芯片 M_3 内核的最大主频为＿＿＿＿＿＿。

2. STM32F103RBT6 芯片支持＿＿＿＿＿＿和＿＿＿＿＿＿调试接口。

3. 红外光电开关通常有＿＿＿＿＿＿、＿＿＿＿＿＿和＿＿＿＿＿＿3 种。

4. 光耦合器的结构相当于把＿＿＿＿＿＿和＿＿＿＿＿＿封装在一起。

5. RS485 有＿＿＿＿＿＿和＿＿＿＿＿＿2 种接线，＿＿＿＿＿＿为总线式拓扑结构，在同一总线上最多可以挂接 32 个节点。

6. 常见的嵌入式系统有＿＿＿＿＿＿、＿＿＿＿＿＿、＿＿＿＿＿＿等。

7. 嵌入式系统的调度方式有＿＿＿＿＿＿和＿＿＿＿＿＿2 种。

8. Keil 推出基于 μVision 的界面，用于调试＿＿＿＿＿＿、＿＿＿＿＿＿、＿＿＿＿＿＿内核的 MDK-ARM 开发工具，用于控制领域的开发。

9. 在基于任务优先级抢占式调度算法中，会产生一个优先级反转问题。解决这个问题的方式主要包括＿＿＿＿＿＿和＿＿＿＿＿＿策略。

10. 在数据采集与监视控制系统中，Modbus 通常用来连接＿＿＿＿＿＿和＿＿＿＿＿＿控制系统（RTU）。

二、简答题

1. 简述 RS485 总线的特点及适用场合。

2. 简述红外对射传感器的原理。

3. 典型的嵌入式系统有哪些？请举例。

4. Modbus 比其他通信协议使用得更广泛的主要原因有哪些？

项目六　港口大型报警应用系统

项目目标

1.熟悉港口大型报警应用系统的组成、原理和特点。
2.掌握港口大型报警应用系统的连接和调试。
3.掌握港口大型报警远程监控系统的应用。

任务情境

众所周知,只要提到码头或者港口,人们的第一印象就是占地空间很大。在港口日常作业和生活中,港口本身的环境比较恶劣,安全事故时常不能得到及时处理。为了做好港口安全防范,及时控制和消除突发事故的危害,最大限度地减少事故造成的损失,在港口作业区出现安全事故的时候,整个区域的警报会响起,发出警报声和安全语音提醒,预防事故恶化。

任务一　认识 DS7400Xi 报警系统

任务准备

在港口大型报警系统和船舶防盗报警系统中,报警系统是指当存在非法侵入防范区情况时,引起报警的装置,它是出现危险情况时用来发出信号的。报警系统就是用探测器对建筑内外重要地点和区域进行布防。它可以及时探测非法入侵,并且在探测到有非法入侵时,及时向有关人员示警。譬如,门磁感应开关、玻璃破碎报警器等可有效探测外来危险的入侵,红外探测器可感知人员在楼内的活动等。一旦发生入侵行为,系统能及时记录入侵的时间、地点,同时通过报警设备发出报警信号。

　　报警系统设备一般分为前端探测器和报警控制器。报警控制器是一台主机(与电脑的主机一样),它可以用来解决包括有线/无线信号的处理,系统本身故障的检测,电源部分,信号输入、输出,内置拨号器等问题。对于一个防盗报警系统,报警控制器是必不可少的。前端探测器包括门磁感应开关、玻璃破碎探测器、红外探测器、微波探测器、紧急呼救按钮等。

一、报警主机 DS7400Xi

　　DS7400Xi 报警控制系统是一种大型的防盗防火报警系统,DS7400Xi 基本配置如图 6-1-1 所示,它可与各种防盗探测器及防火探测器相连接,被广泛用于港口周界报警系统和船舶防盗报警系统等。

1.DS7400Xi 主板

　　DS7400Xi 报警控制主板如图 6-1-2 所示,它自带 8 个防区,可扩充 120 个防区,扩充采用 2 芯总线方式,扩充设备类型有 8 防区扩展模块 DS7432,单防区扩展模块 DS7457,双防区带输出模块 DS7460/7465,报警键盘 DS3MX 以及各种带地址码的门磁、烟感器等,总线驱动采用 DS7430(单总线)或 DS7436(双总线)。

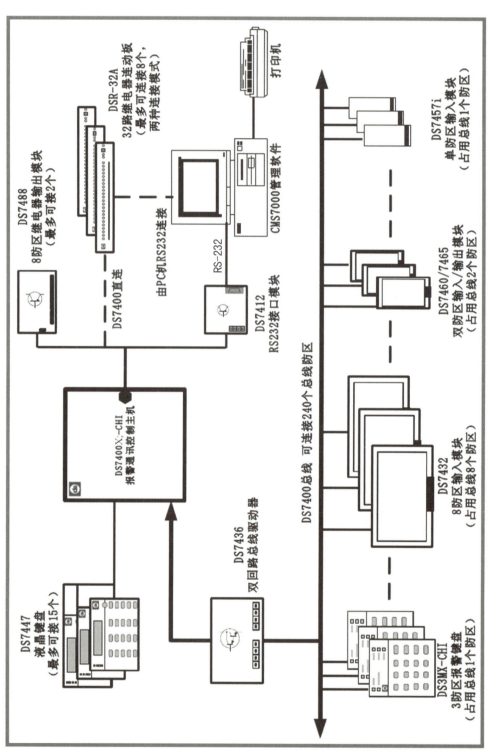

图 6-1-1 **DS7400Xi** 基本配置

图 6-1-2　DS7400Xi 报警控制主板

2.DS7400Xi 主机主要特征

（1）总线方式：自带 8 个防区，可扩充 120 个防区，共有 128 路，总线长度达 1.6km。

（2）灵活扩充：可接 8 路扩充模块 DS7432，单路扩充模块 DS7457，单路带输出扩充模块 DS7465，双路扩充模块 DS7460 等。

（3）8 分区操作：可将整个系统分为 8 个独立的分区，每个分区所包含的防区自定，8 个分区可分别独立布/撤防。

（4）多路输出：可实现多种输出方式，一对一路，一对多路，输出有常开及常闭、暂态及稳态等方式。可用于视频联动或电子地图制作等。

（5）多键盘使用：最多可接 15 个键盘，并可分别对某个分区进行独立操作。

（6）400 个事件记忆存储：可用键盘对最近系统所发生的 400 个事件进行查询。

（7）RS-232 串口输出：可接报警软件，也可提供通信协议，用于系统集成，还可以接打印机等设备。

（8）定时布/撤防：可用密码门锁控制。

（9）报警确认：任意编制防火、防盗防区，并可实现防火确认，增加报警的准确性。

（10）通信格式：4＋2、4＋1、SIA、Contact ID、CFSK、BFSK 等多种格式实现报警联网。

（11）支持无线扩充功能：2 个无线接收器，112 个无线探测器或按钮，5 个无线键盘。

二、系统常用配套设备

1.总线驱动模块

DS7430 是一种接口转换设备，具体情况如图 6-1-3 所示，是一款多路复用总线驱动器，一般与 DS7432、DS7457、DS7460 等配合使用。DS7430 驱动模块安装时插在 DS7400Xi 主板上。

图 6-1-3　单总线驱动器 DS7430

DS7436 双总线驱动器是 DS7400Xi 与各种扩充模块之间的接口设备,具体情况如图 6-1-4 所示。DS7436 双总线驱动器有 A 和 B 两个总线驱动接口,两个驱动接口是相互隔离的,用户可根据需要选用其中一个或两个都用,但只有 A 驱动接口才能对 DS7457 等模块进行编程,在使用 DS3MX 时每路总线不能超过 120 个。

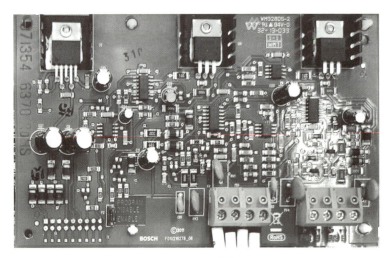

图 6-1-4　双总线驱动器 DS7436

注:单总线驱动器 DS7430 与双总线驱动器 DS7436 通用。

2.8 防区扩展模块 DS7432

DS7432 是一个 8 输入扩展模块,具体情况如图 6-1-5 所示。DS7432 是多地址码发生器,与 DS7400Xi 控制/通信主机一同使用。使用 DS7432 扩展模块时,系统需要使用一个 DS7430 多路扩展模块。建议使用 0.8 mm 或 1.0 mm 的非屏蔽 4 芯线(其中 2 芯为电源)与 DS7400Xi 主机连接。其防区输入方式为通常的常开和常闭报警输入方式，如将某一防区作为巡更防区来使用时，该防区接巡更操作设备的输出端，如钥匙、磁卡设备等。每个 DS7400Xi 系统最多可使用 15 个 DS7432。

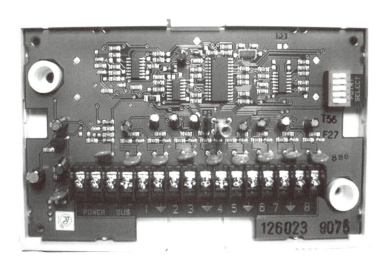

图 6-1-5　8 防区扩展模块 DS7432

在进行测试或维护时，使用 DS7432 上的 P2 接点，可旁路防拆开关。使用左上角和右下角的安装孔，可将 DS7432 安装于控制主机内或主机外。

DS7432 有 8 个防区，即在使用 DS7432 扩展模块时，第一个 DS7432 的扩充防区为 9～16 防区，第二个扩充防区为 17～24 防区，第三个扩充防区为 25～32 防区……依此类推。当使用多块 DS7432 模块时，其序号的设置由 DS7432 上的拨码开关来确定，具体情况如表 6-1-1 所示。

表 6-1-1　DS7432 拨码开关设置表

序号	扩充防区	DS7432 拨码开关				
		1	2	3	4	5
1	9～16	Open	Open	Open	Open	Close
2	17～24	Open	Open	Open	Close	Open
3	25～32	Open	Open	Open	Close	Close
4	33～40	Open	Open	Close	Open	Open
5	41～48	Open	Open	Close	Open	Close
6	49～56	Open	Open	Close	Close	Open
7	57～64	Open	Open	Close	Close	Close
8	65～72	Open	Close	Open	Open	Open
9	73～80	Open	Close	Open	Open	Close

续 表

序号	扩充防区	DS7432 拨码开关				
		1	2	3	4	5
10	81～88	Open	Close	Open	Close	Open
11	89～96	Open	Close	Open	Close	Close
12	97～104	Open	Close	Close	Open	Open
13	105～112	Open	Close	Close	Open	Close
14	113～120	Open	Close	Close	Close	Open
15	121～128	Open	Close	Close	Close	Close

3.8 防区扩展模块 DS7433

DS7433 也是常用的 8 防区扩展模块,如图 6-1-6 所示。当 DS7400Xi 作为 16 防区报警主机来使用时,通常采用 DS7433 作为 8 防区扩展模块,并且 DS7433 与 DS7430 不能同时使用。

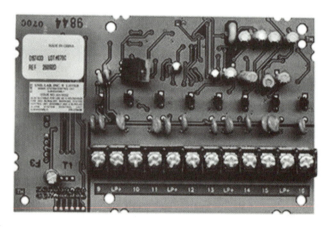

图 6-1-6　8 防区扩展模块 DS7433

4.串行接口 DX4010

当 DS7400Xi 用来接计算机或者用于系统集成时,必须使用串行接口 DX4010,如图 6-1-7 所示。DX4010 串行接口通过数据总线连接器或端子接线盒可以连接至控制主机的选件或 SDI 总线,通过 RS-232 连接器或 USB 线路连接至计算机运行 RPS、BIS 或第三方应用程序,使用兼容控制主机通过 RS-232 接口模块连接至串行打印机或带转换分线盒。

DX4010 串行接口模块使用时,RJ-16 数据总线和 RS-232/USB 连接,使用 RJ-16 数据总线连接器进行远程编程连接。BUS RX(红色 LED)接收来自控制主机的数据,BUS TX(红色 LED)向控制主机传输数据;SER RX(绿色 LED)接收来自串行设备的

图 6-1-7 串行接口 DX4010

数据，SER TX(绿色 LED)向串行设备传输数据。使用外部 DIP 拨码开关可以轻松地为 DX4010 串行接口模块分配地址。

5.8 路继电器输出模块 DX3010

DX3010 是一个 8 路继电器输出扩展模块，如图 6-1-8 所示。

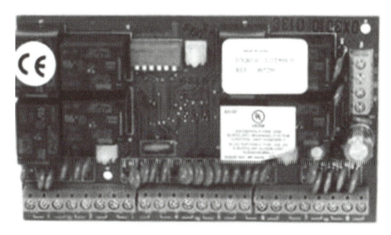

图 6-1-8 8 路继电器输出扩展模块 DX3010

DX3010 提供四线接入 DS7400Xi 主板辅助总线，提供 8 路继电器开路和闭路输出，每个输出可以自己定义，可定义跟随报警主机的某个事件进行输出，跟随防区输出时继电器直接跟随探测器的开路/短路进行动作等。每台 DS7400Xi 可连接 2 个 DX3010，提供 16 路输出。DX3010 特别适用于需要对 DS7400Xi 主机状态监控联动的系统。

6.单地址码发生器

DS7465 是接在总线上的单地址码/带输出发生器，如图 6-1-9 所示。DS7465 本身有一组继电器输出，可以用来控制现场设备。DS7400Xi 总线上最多使用 20 个 DS7465。

图 6-1-9　单地址码/带输出发生器 DS7465

DS7457 是接在总线上的单地址码/单防区输入发生器，如图 6-1-10 所示，使用时不受安装位置限定。另外，在防区的扩充方式上与 DS7400Xi 配合使用的还有带地址码的红外探测头和门磁感应开关，可根据需要选择使用。

图 6-1-10　单地址码/单防区输入发生器 DS7457

7.无线接收器 RF3222-CHI

无线接收器 RF3222-CHI 外观如图 6-1-11 所示，使 DS7400Xi 控制主机的多路复用总线最多可以接收来自 112 个无线设备的 RF 信号。RF3222-CHI 接收器最多支持 8 个键盘和 112 个遥控器或无线探测器。防拆开关、无线信号阻塞探测和传感器缺失状态报告可确保系统正常工作。RF3222-CHI 的信号接收频率为 304 MHz。

图 6-1-11　无线接收器 RF3222-CHI 外观

8. 报警键盘 DS7447

液晶可编程报警键盘 DS7447 示意图如图 6-1-12 所示。

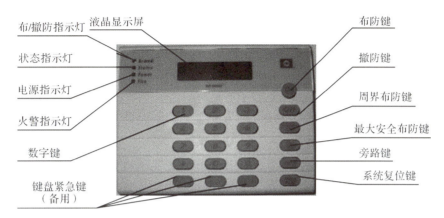

图 6-1-12　液晶可编程报警键盘 DS7447 示意图

DS7447 键盘各指示灯及含义如表 6-1-2 所示。

表 6-1-2　DS7447 键盘各指示灯及含义

指示灯	功能	灭	闪烁	亮
Armed(红)	布/撤防	所有防区撤防	退出时的状态或报警	所有防区布防,无报警
Status(绿)	状态	有防区被触发	防区被旁路	无防区被触发
Power(绿)	电源	无交/直流	主机故障	正常运行
Fire(红)	火警	无火警	火警防区报警	火警防区有故障

音量控制:同时按"1"和"﹡"键,音量增大,同时按"4"和"﹡"键,音量减小。

背光调节:同时按"3"和"﹡"键,增加背光亮度;同时按"6"和"﹡"键,降低背光亮度。

9. 软件 CMS7000

CMS7000 是计算机与 DS7400Xi 联网管理的 Windows 软件,最多管理 8 台 DS7400Xi,对 DS7400Xi 的报警数据及出警方式以表格和地图的方式表现。在同一界面,将 DS7400Xi 作为一个有线巡更系统来使用,使巡更和报警合而为一。

该软件具有全中文操作界面和详细的用户资料管理,包含报警资料自动备份、信息自动处理、语言报警、地图显示等功能。同时,提供二次开发接口,方便系统集成。

CMS7000 基本界面如图 6-1-13 所示。

图 6-1-13　CMS7000 基本界面

三、报警系统常用探测器及报警器

防盗报警系统需要采用不同类型的探测器，以适应不同场所、不同环境、不同地点的探测要求。按照探测器的工作原理分类，探测器主要有红外探测器、微波探测器、玻璃破碎探测器、振动探测器、超声波探测器、激光探测器、开关探测器等。

红外探测器是目前使用最广泛的探测器，其一般由红外发射器、接收器以及信号处理器等组成。红外探测器就是利用红外热效应和光电效应，将入射的红外辐射信号转变成电信号输出的器件。

红外辐射是波长介于可见光与微波之间的电磁波，人眼察觉不到。将这种辐射转变成可以察觉和测量的其他物理量，而且足够灵敏，就可以测量红外辐射的强弱。

红外探测器按工作方式分为主动式红外探测器和被动式红外探测器。按探测范围分类，主要有点控探测器、线控探测器、面控探测器和空间防范探测器。

在常见的报警系统中，典型的探测器具体如下。

1. 红外对射探测器

红外对射探测器也叫主动红外入侵探测器，利用红外线直线传播特性做入侵探测，由主动红外发射器和被动红外接收器组成，发射器和接收器分置安装，发射器和接收器之间形成一道红外光束警戒线，当入侵者跨越该警戒线时，红外光束被完全遮断或按给定百分比遮断，接收器失去红外线光照而发出报警信号。红外对射探测器属于典型的主动式红外探测器，ABT-100 内部结构如图 6-1-14 所示。

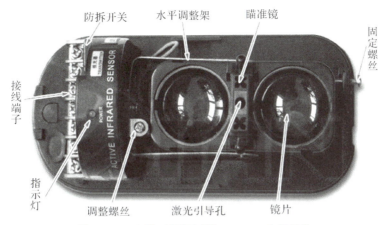

防拆开关　水平调整架　瞄准镜　固定螺丝

接线端子

指示灯　调整螺丝　激光引导孔　镜片

图 6-1-14　红外对射探测器 ABT-100 内部结构

红外发射器采用互补型自激多谐振荡电路做驱动电源,直接加在红外发光二极管两端,使其发出经脉冲调制的占空比很高的红外光束,既降低电源的功耗,又增强主动红外入侵探测器的抗干扰能力。

红外接收器的光电传感器采用光电二极管、光电三极管、硅光电池、硅雪崩二极管等,在规定的探测距离工作时,辐射信号被完全或按给定百分比遮断的持续时间大于40 ms 时,探测器应进入报警状态。

红外对射探测器内部接线端子结构如图 6-1-15 所示,发射端和接收端接线端子使用说明如下。

发射端:1~2 POWER(电源);3~8 FREE(空);9~10 TAMPER(线尾电阻)。

接收端:1~2 POWER(电源);3~5 ALARM(报警信号);6 FREE(空);

　　　　7~8 TEST(测试);9~10 TAMPER(线尾串阻)。

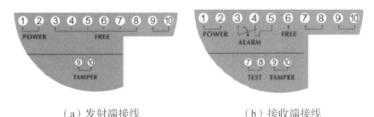

（a）发射端接线　　　　　　　　（b）接收端接线

图 6-1-15　红外对射探测器内部接线端子结构

主动红外入侵探测器具有性能好、安装方便、价格低廉等优点,近年来被机关、工厂、住宅小区等广泛安装于围墙、草坪、栅栏等需要直线防范的区域,是周界防范广泛使用的典型探测器。

2.幕帘式红外探测器

幕帘式红外探测器,也称被动红外探测器。它主要由光学系统、热释电传感器(或称为红外传感器)及报警控制器等部分组成。

LH-912 幕帘式红外探测器属于典型的被动式红外探测器,如图 6-1-16 所示。

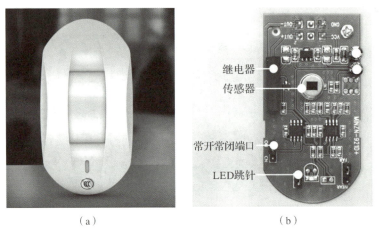

（a）　　　　　　　　　（b）

图 6-1-16　LH-912 幕帘式红外探测器

幕帘式红外探测器采用热释电传感器作为红外探测器件,本身不发射任何能量,只是被动接收来自探测环境的红外辐射。红外探测器件一旦探测到监视活动目标在防区内引起的红外辐射能量的变化(红外线辐射进来),经光学系统聚焦就使热释电器件产生突变电信号,从而启动报警装置。

幕帘探测器一般是采用红外双向脉冲计数的工作方式,即 A 方向到 B 方向报警,B方向到 A 方向不报警,因幕帘探测器的报警方式具有方向性,所以也叫作方向幕帘探测器。幕帘探测器具有入侵方向识别能力,用户从内到外进入警戒区,不会触发报警,在一定时间内返回也不会引发报警,只有非法入侵者从外界侵入才会触发报警,极大地方便了用户在设防的警戒区域内活动,同时又不触发报警系统。

幕帘探测器特别适用于防范整面墙的窗户、大阳台、过道等。

3.微波和被动红外双鉴探测器

微波和被动红外双鉴探测器又称为双技术探测器,顾名思义,就是将两种探测技术结合触发报警,只有当两种探测器同时或者相继在短暂时间内都探测到目标时才发出报警信号。

常见的双鉴探测器有微波与超声波双鉴探测器、微波和被动红外双鉴探测器、超声波和被动红外双鉴探测器。从实际可信度来看,微波和被动红外双鉴探测器性能更好,其误报率是单技术探测器的 1/421,是其他双技术探测器的 1/270,因此被广泛应用到各类工程项目中。

LH-914C 微波和被动红外双鉴探测器如图 6-1-17 所示。微波探测器和被动红外探测器组合可以取长补短,对相互抑制本身误报和环境干扰引起的虚假报警的效果最好,并采用温度补偿技术,弥补单技术被动红外探测器灵敏度随温度变化的不足,使微波和被动红外双鉴探测器的灵敏度不受环境温度的影响,误报率最低、可信度最高,因而应用最广泛。

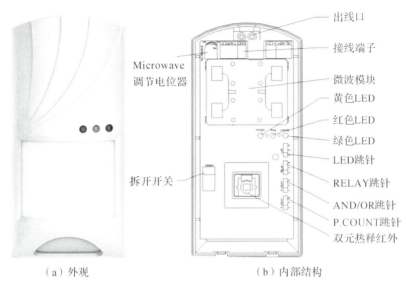

出线口
接线端子
Microwave 调节电位器
微波模块
黄色LED
红色LED
绿色LED
LED跳针
拆开开关
RELAY跳针
AND/OR跳针
P.COUNT跳针
双元热释红外

（a）外观　　　　　　　　（b）内部结构

图 6-1-17　LH-914C 微波和被动红外双鉴探测器

LH-914C 微波和被动红外双鉴探测器,结合人工智能,采用先进的信号分析技术,可以实现微波、被动红外、人工智能复合型三鉴探测技术,有效防止因各种环境因素引起的误报,被广泛应用于银行、仓库、家庭等场所的安全防范。

4.玻璃破碎探测器

玻璃破碎探测器是利用压电陶瓷的压电效应制成的玻璃破碎入侵探测器,能有效检测玻璃破碎的高频(10 kHz～15 kHz)声音,对 10 kHz 以下的声音(如说话、走路声)有很强的抑制作用。玻璃破碎声发射频率、强度与玻璃的厚度、面积有关。

玻璃破碎探测器根据工作原理大致可以分为两类。

一类是单技术玻璃破碎探测器,是具有选频(10 kHz～15 kHz)和特殊用途(可将玻璃破碎时产生的高频信号去除)的声控探测器。

另一类是双技术玻璃破碎探测器,包括声控-振动型和次声波-玻璃破碎高频声响型。

声控-振动型双技术玻璃破碎探测器将声控与振动探测两种技术组合在一起,只有同时探测到玻璃破碎时发出的高频声音信号和敲击玻璃引起的振动,才输出报警信号。

次声波-玻璃破碎高频声响型双技术玻璃破碎探测器是将次声波探测技术和玻璃破碎高频声响探测技术组合在一起,只有同时探测到玻璃破碎时发出的高频声响信号和引起的次声波信号才触发报警。

玻璃破碎探测器采用双技术探测原理,具体情况如图 6-1-18 所示。所以,玻璃破碎探测器要尽量靠近所要保护的玻璃,尽量远离噪声干扰源,如尖锐的金属撞击声、铃声、汽笛的鸣叫声等,减少误报警。

LH-501 玻璃破碎探测器(图 6-1-19)使用高精度麦克风对周界的声音进行采集,得

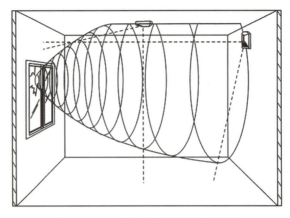

图 6-1-18　玻璃破碎探测器探测原理

到的音频信号经过滤波、放大处理后,送到微处理器进行分析、判断,最后通过外围输出设备输出判定的结果,有效地避免了误报发生,适用于银行、宾馆、仓库、家庭等场所的防范。

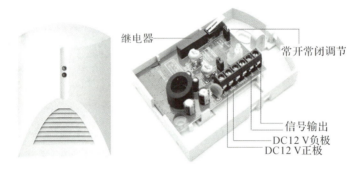

图 6-1-19　LH-501 玻璃破碎探测器

5.声光报警器

声光报警器又叫声光警号,是一种通过声音和各种光来向人们发出示警信号的报警信号装置。通常用于安防系统,监测入侵者在防范区域内作案时发出的声响(如启闭门窗,拆卸、搬运物品及撬锁),并将此声响转换为电信号后,经传输线送入报警主控制器。

一种通用型声光报警器,HC-103 声光报警器如图 6-1-20 所示,其主要技术特性如下。

(1)声光警号:报警鸣叫同时有灯闪烁。

(2)ABS 塑胶外壳。

(3)工作电压:DC 9～15 V;消耗电流:≤300 mA。

(4)报警声压:≥108 dB/m。

当生产现场发生火灾等紧急情况时,火灾报警控制器送来的控制信号启动声光报警电路,发出声和光报警信号,完成报警目的。与手动报警按钮配合使用,达到简单的声光报警目的。

图 6-1-20　HC-103 声光报警器

6.无线红外探测器

无线红外探测器与红外探测器的探测原理是一致的，主要区别在于红外探测器采用有线形式传输信号，无线红外探测器则采用无线形式传输信号，且需要和无线接收器模块配套使用。BOSCH 无线红外探测器 RFPR-12 如图 6-1-21 所示。

图 6-1-21　BOSCH 无线红外探测器 RFPR-12

7.无线门磁探测器

无线门磁探测器是一种常见的磁控开关探测器，用来探测门、窗、抽屉等是否被非法打开或移动。无线门磁探测器可以将现场传感器的位置或工作状态的变化转换为控制电路通断的变化，并以此来触发报警电路。

HO-03F 无线门磁探测器由无线发射模块和磁块两部分组成，如图 6-1-22 所示。较小部件为永磁体，内部有一块永久磁铁，产生恒定的磁场；较大部件是无线门磁主体，内部有一个常开型的干簧管。图 6-1-23 为无线门磁探测器结构示意图。

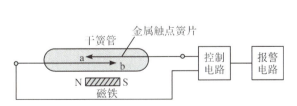

图 6-1-22　HO-03F 无线门磁探测器　　图 6-1-23　无线门磁探测器结构示意图

当永磁体和干簧管靠得很近时(小于5mm),无线门磁探测器处于工作守候状态;当永磁体离开干簧管一定距离后,无线门磁探测器立即发射包含地址编码和自身识别码(就是数据码)的315MHz高频无线电信号,无线接收器就是通过识别这个无线电信号的地址编码来判断是否是同一个报警系统发出的,然后根据自身识别码确定是哪一个无线门磁探测器报警。

使用时,一般把磁铁安装在被防范物体(如门、窗)的活动部位,把干簧管装在固定部位(如门框、窗框)。磁铁与干簧管的位置需保持适当距离,以保证门、窗关闭时干簧管触点闭合,门、窗打开时干簧管触点断开,控制器产生断路报警信号。

8.紧急按钮 HO-01B

紧急按钮 HO-01B 是防盗报警系统常见的开关按钮。HO-01B 手动有线紧急按钮如图 6-1-24 所示。很多重要且存在高风险的场所(如银行、医院、学校等),都会安装紧急报警按钮,一旦有异常情况发生,轻轻动手触发开关,可以马上报警,保安人员会立刻处理警情。

图 6-1-24　HO-01B 手动有线紧急按钮

紧急按钮的功能:

(1)触发警情:紧急按钮处于正常监测下,当出现紧急情况时,下压红色按钮(力的大小为5~7N),动作行程5~6mm,紧急按钮输出报警信号,响应时间小于1ms。

(2)解除警情:通过配置专用钥匙解锁,将钥匙插入钥匙孔内,向左旋转90°,即可解除警报。

 任务实施

现在报警系统已经被广泛应用在生活中,可以组织学生参观校园报警系统,或通过观看相关教学视频影像等,了解 DS7400Xi 大型报警器的各类知识,并完成表 6-1-3。

表 6-1-3　认识 DS7400Xi 报警主机及配套设备

序号	应用图片	名称	特点及作用
1			
2			
3			
4			
5			
6			
7			

续　表

序号	应用图片	名称	特点及作用
8			
9			
10			
11			
12			
13			
14			

任务评价

项目六任务一的任务评价，如表 6-1-4 所示。

表 6-1-4　项目六任务一的任务评价

评价项目	任务评价内容	分值	自我评价	小组评价	教师评价
职业素养	遵守实训室规章制度及文明使用实训器材	10			
	按实操流程规定操作	5			
	遵守纪律，提高团队协作能力	5			
理论知识	了解 DS7400Xi 报警主板及常用配套模块	10			
	了解常用探测器及报警器	10			
实操技能	熟悉 DS7400Xi 报警主板及常用配套模块	30			
	熟悉常用探测器及报警器	30			
总分		100			
个人学习总结					
小组评价					
教师评价					

任务二　DS7400Xi 基本防区应用系统

任务准备

一、DS7400Xi 基本防区应用系统概况

1.DS7400Xi 基本防区应用系统示意图

依据 DS7400Xi 基本配置，结合图 6-2-1 设计一个完整的 DS7400Xi 基本防区应用系统。

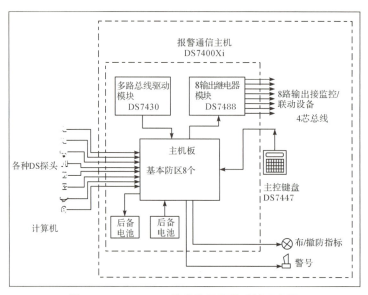

图 6-2-1　DS7400Xi 基本防区应用系统示意图

系统设计时,扩充模块接线为 2 芯总线,总线均不包含探测头电源。探头电源需要另行提供。RS-232 可连接计算机软件,实现报警巡更一体化功能。

2.DS7400Xi 主板接线示意图

DS7400Xi 主板接线可以依据 DS7400Xi 主板接线端口示意图(图 6-2-2)和 DS7400Xi 主板接线端口说明(表 6-2-1)进行。

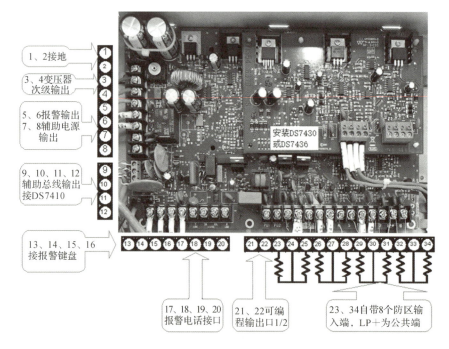

图 6-2-2　DS7400Xi 主板接线端口示意图

表 6-2-1　DS7400Xi 主板接线端口说明

主板端口	接线端口说明
1、2	变压器和外壳接地端
3、4	变压器次级输出,AC 16.5V
5、6	警铃输出报警时,5、6 产生 DC 12V,5 为"—",6 为"+"
7、8	辅助电源输出
9、10、11、12	辅助总线输出,接 DS7412、DS7488 等配套外围设备
13、14、15、16	接报警键盘总线
17、18、19、20	接报警电话联网,T、R 为进线,TH、RH 为出线
21、22	可编程输出口
23、34	自带 8 个防区输入端,LP+ 为公共端,均应接 2.2kΩ 线尾电阻

3. DS7436 总线模块连接示意图

DS7436 总线模块是 DS7400Xi 主板与各种扩充模块之间的接口设备。DS7436 模块安装时,如图 6-2-2 所示,直接插在 DS7400Xi 主板上就行。只有 A 驱动口能对 DS7457 等模块进行编程,编程时结合使用编程插针,1 和 2 为电源端口,3 和 4 为数据接口,具体情况如图 6-2-3 所示。

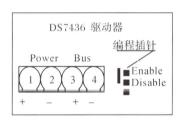

图 6-2-3　DS7436 模块接线示意图

4. DS7412 串行接口示意图

图 6-2-4 为 DS7412 模块接线示意图,将 DS7412 串行接口 1、2、3、4 对应 R、B、G、Y 与 DS7400Xi 主板辅助总线输出接口 9、10、11、12 对应 R、B、G、Y 一一相连。RS-232 端口与计算机联网,管理 CMS7000 软件。

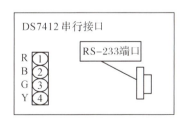

图 6-2-4　DS7412 模块接线示意图

5.DS7447 报警键盘连接示意图

图 6-2-5 为 DS7447 与主板接线端口示意图，DS7400Xi 报警系统可支持 15 个
DS7447 键盘，其中可设有主键盘 1 个（当使用一个键盘时就不必设置主键盘）。当需要
分区时，可以用某个键盘控制某一分区，而对某分区进行独立布/撤防，也可以由主键盘
对所有分区同时布/撤防。

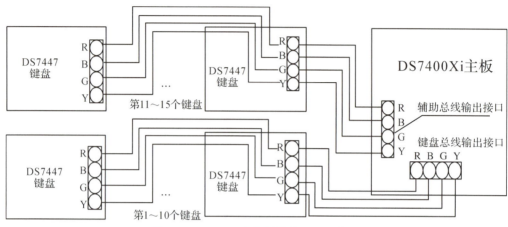

图 6-2-5　DS7447 与主板接线端口示意图

由此可见，第 1 个键盘到第 10 个键盘上的连线接口 R、B、G、Y 与 DS7400Xi 主板
上的键盘总线输出接口 R、B、G、Y 一一对应相连。而第 11 个键盘到第 15 个键盘与
DS7400Xi 主板的辅助总线输出接口连接。

图 6-2-6 为 DS7447 键盘背面接线端口示意图。连接键盘前，必须将键盘的外壳打
开，检查电路板上的跳线是否设置正确。使用几个键盘就设到第几个键盘序号，具体情
况如表 6-2-2 所示。如果键盘设置不正确，系统将不能正常工作。

图 6-2-6　DS7447 键盘背面接线端口示意图

表 6-2-2　键盘主板跳线地址设置与键盘序列号表

键盘序列号	1	2	4	8
1	■			
2		■		
3	■	■		

续　表

键盘序列号	1	2	4	8
4			■	
5	■		■	
6		■	■	
7	■	■	■	
8				■
9	■			■
10		■		■
11	■	■		■
12			■	■
13	■		■	■
14		■	■	■
15	■	■	■	■

二、DS7400Xi 报警系统实训操作模块

从方便实训操作的角度出发，可以将 DS7400Xi 主板、总线驱动、报警键盘以及各类探测器等，分别布置在不同模块中。参考模块有 DS7400Xi 主板和系统配套模块 A 布置，如图 6-2-7 所示；常见探测器模块 B 布置，如图 6-2-8 所示；直流电源和通道管理模块 C 布置，如图 6-2-9 所示；交流电源管理模块 D 布置，如图 6-2-10 所示。

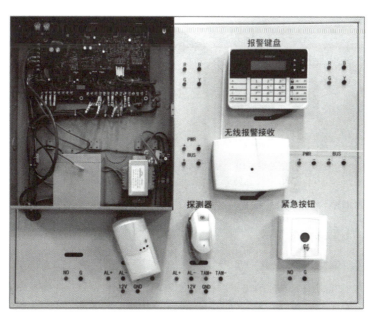

图 6-2-7　DS7400Xi 主板和系统配套模块 A 布置

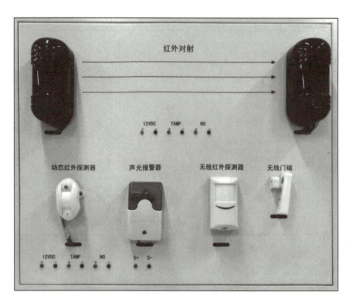

图 6-2-8　常见探测器模块 B 布置

图 6-2-9　直流电源和通道管理模块 C 布置

图 6-2-10　交流电源管理模块 D 布置

三、DS7400Xi 系统编程基础

DS7400Xi 报警系统的编程并不复杂。在编程之前，用户必须先详细地阅读编程说明，并清楚地知道所需要的功能。根据所需功能列出编程表，这样便于编程。

根据编程说明及用户的实际需要，可采取由浅入深的方法，需要实现哪些功能，就设置到哪一步。这样就能比较容易地完成对 DS7400Xi 系统的编程。

1.编程前准备

(1)阅读前面有关 DS7400Xi 系统的接线说明,正确地接好所有连线。

(2)若使用 DS7457、DS7460 或 DS7465,在安装这些扩充模块前需预先对这些模块进行防区设置编程。

若是第一次使用 DS7400Xi 系统,在编程结束后,不要将探测头接入系统,而应将线尾电阻接在扩充防区上,待报警主机全部调好后,再将各种探测头接入防区。这样如果系统有故障,便于判断是主机系统故障还是探测器的问题。

(3)进入编程及退出编程。

进入编程密码是 9876♯0,退出编程方法是按"＊"键 4 秒,听到"哔"一声,表示已退出编程。

(4)填写数据。

DS7400Xi 编程地址一定是 4 位数,而每个地址的数据一定是 2 位。例如,需将地址 0001 中填数据 21,方法是输入编程密码 9876♯0,此时 DS7447 键盘的灯都会闪动。键盘显示:

```
Prog. Mode 4.0
Adr=
```

输入地址 0001,接着输入 21♯,则显示:

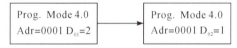

自动跳到下一个地址,即地址 0002。

```
Prog. Mode 4.0
Adr=0002
```

若不需要对地址 0002 进行编程,则连续按 2 次"＊"键,则又显示:

```
Prog. Mode 4.0
Adr=
```

此时就可以输入新的地址及该地址要设置的数据。

2.基础编程内容

基础编程内容是 DS7400Xi 实现部分功能工作都必须做的编程的内容。具体如下:

(1)综合编程地址(0000)

综合编程是指对系统的布防方式、使用的交流电的频率及系统复位条件等内容的确定,具体情况如图 6-2-11 所示。

例如:在 0000 地址输入 14。

步骤:9876♯0

输入 0000

输入 14♯

系统自动跳到地址 0001。

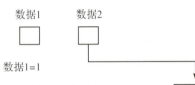

数据1=1

表示：可用任何布防形式
　　　使用50Hz交流电
该地址在编程时数据位1一般输入1，
数据位2可以输入3或4或5，根据实际
需要选择，一般不影响使用。
出厂值：13

输入数据	含义
0	警铃静止系统复位
1	防区复位时系统复位
2	撤防时系统复位
3	警铃静止系统复位、弹性旁路
4	防区复位时系统复位、弹性旁路
5	撤防时系统复位、弹性旁路

图 6-2-11　综合编程地址设置数据

（2）防区编程

对 DS7400Xi 进行防区编程时一般分成三步：第一步，确定防区功能；第二步，确定某一防区具有一种防区功能；第三步，确定防区特性，即采用哪种防区扩充形式。

①确定防区功能（0001～0030）。

防区功能是 DS7400Xi 的防区类型，如即时防区、延时防区、24 小时防区、火警防区等。编好防区功能后，再设置哪个防区具有哪种防区功能。DS7400Xi 共有 30 种防区类型，常用类型如下：

a.延时防区。系统布防时，在退出延时时间内，如延时防区被触发，系统不报警。退出延时时间结束后，如延时防区再被触发，在进入延时时间内，如对系统撤防，则不报警；进入延时时间一结束则系统立即报警。延时防区会受布防、撤防影响。

b.即时防区。系统布防时，在退出延时时间内，如即时防区被触发，系统不报警。退出延时时间结束后，如即时防区被触发，则系统立即报警。即时防区会受布防、撤防影响。

c.24 小时防区。无论系统是否布防，触发 24 小时防区则系统均报警，一般用于接紧急按钮。

d.带校验火警防区。火警防区被一次触发后，在 2 分钟之内若再次触发，则系统报警，否则不报警。

e.无校验火警防区。火警防区被一次触发后，则系统报警。

f.布/撤防防区。它可用来对 DS7400Xi 所有防区或对某一分区进行布/撤防操作，

表示防区功能有 2 个数据位,DS7400Xi 有 30 种防区功能可以设置,分别占地址 0001~0030,如图 6-2-12 所示。表 6-2-3 中的地址数据为出厂值,有些不常用的功能在表中并未列出,用户可以根据实际情况进行修改。

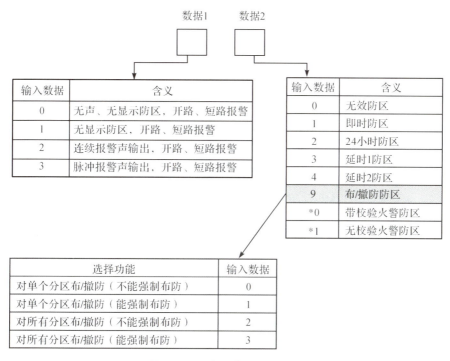

图 6-2-12 防区功能设置数据

每一种防区功能对应一组防区功能号。在后面的防区设置中,要使用到防区功能号,具体情况如表 6-2-3 所示。

表 6-2-3 防区功能设置出厂值数据

防区功能号	对应地址	出厂值数据	含义
01	0001	23	连续报警,延时 1
02	0002	24	连续报警,延时 2
03	0003	21	连续报警,周界即时
04	0004	25	连续报警,内部/入口跟随
05	0005	26	连续报警,内部留守/外出
06	0006	27	连续报警,内部即时
07	0007	22	连续报警,24 小时防区
08	0008	7 * 0	脉冲报警,附校验火警
……	……		
30	0030		

例如:要设置防区功能 1 为 24 小时防区,并为连续报警输出,则需在地址 0001 中输入数据 22。修改步骤如下:

输入 9876#0

输入 0001

输入 22#

键盘将显示地址 0002。可以继续输入 0002 地址中的数据或连续按 2 次"﹡"键后重新输入新的地址,或退出编程。

②确定一个防区的防区功能(0031～0278)。

防区功能与防区是两个概念。

在防区编程中,把某一具体防区设定具有哪一种防区功能。明确要解决的问题,使用多少个防区,每个防区应设置为哪种防区功能。

DS7400Xi V4.0 有 248 个防区,0031～0278 中共 248 个地址,每个地址对应一个防区。使用多少个防区就编多少个地址,不用的地址不编,或在不用的防区地址中填 00,具体情况如表 6-2-4 所示。

表 6-2-4　防区与地址的对应关系

防区	地址	数据 1	数据 2
1	0031		
2	0032		
……	……		
248	0278		

0031～0278 中,每个防区地址都有 2 位数据,数据 2 表示对应功能号,具体情况如图 6-2-13 所示。

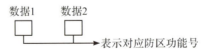

图 6-2-13　防区地址和防区功能

例如:第 32 防区设置为 24 小时防区(防区功能号使用出厂值),则编程如下:

输入 9876#0(进入编程模式)

输入 0062(表示第 32 防区)

输入 07#(07 防区功能号,表示 24 小时防区)

③防区特性设置(0415～0538)。

DS7400Xi 是总线式大型报警主机系统,防区扩充模块有多种型号。例如:DS7457、DS7432、DS7465、DS7460、MX280 系列,具体型号可以在地址中设置。

0415～0538 共有 124 个地址，每个地址有 2 个数据位，依次分别代表 2 个防区。2 个数据位的含义如图 6-2-14 所示。

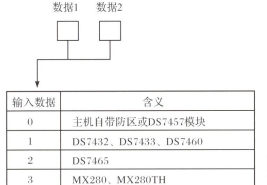

数据1　数据2

输入数据	含义
0	主机自带防区或DS7457模块
1	DS7432、DS7433、DS7460
2	DS7465
3	MX280、MX280TH
4	MX280THL
5	Keyfob

注：当使用DS7465时，第一位数据填2，第二位必须是2。

图 6-2-14　2 个数据位的含义

有防区扩充模块时，对应地址所代表 2 个防区如表 6-2-5 所示。如果是主机自带防区，则集中在 0415～0418，设置数值 00。

表 6-2-5　地址与代表 2 个防区对应值

地址	数据 1	数据 2	含义	数值
0415	防区 1	防区 2	自带防区	00
0416	防区 3	防区 4	自带防区	00
0417	防区 5	防区 6	自带防区	00
0418	防区 7	防区 8	自带防区	00
0419	防区 9	防区 10	扩充防区	
……	……	……	……	
0538	防区 247	防区 248	扩充防区	

3.恢复出厂设置

输入 9876♯0

输入 4058 01♯

 ## 任务实施

一、器材准备

依据 DS7400Xi 基本防区应用系统实训要求，按表 6-2-6 准备实训器材并进行检测。

表 6-2-6　DS7400Xi 基本防区应用系统实训器材准备

序号	器材名称	型号或规格	数量	参考图片
1	报警主板	DS7400Xi	1	
2	总线驱动器	DS7436	1	
3	报警键盘	DS7447	1	
4	红外对射探测器	ABT-100	1	
5	幕帘式红外探测器	LH-912	1	
6	双鉴探测器	LH-914C	1	
7	紧急按钮	HO-01B	1	
8	声光报警器	HC-103	1	
9	直流电源	DC 12V/18V	1	
10	配套模块	模块 A、B、C、D	各 1	略

二、系统接线及操作步骤

依据图 6-2-1 和图 6-2-2，系统接线要求如下：

根据图 6-2-3 和图 6-2-7，将 DS7436（总线驱动器）直接安插在 DS7400Xi 主板上（DS7400Xi 主板控制箱内部）。

根据图 6-2-7、图 6-2-8，完成模块 A、B 各类探测器、报警键盘和报警器等的布局、安装和接线端口技术处理（制作插口，插线连接），提升实训灵活性。

根据图 6-2-2 和图 6-2-5，采用插线将 DS7447 报警键盘 R、B、G、Y 与 DS7400Xi 主板 13、14、15、16 接口连接。

根据表 6-2-7，采用插线将各探测器信号端与模块 C 通道一一对应连接。

根据图 6-2-2 和表 6-2-7，将 DS7400Xi 第 1～4 防区直接与模块 C 第 1～4 通道一一对应连接。DS7400Xi 第 5～8 防区为空防区，用并联电阻做好防护。

表 6-2-7　DS7400Xi 基本防区应用系统"防区与探测器"对照

防区	探测器	模块 C 通道	电阻接法
防区 1	红外对射探测器	通道 1	串联电阻
防区 2	动态红外探测器	通道 2	串联电阻
防区 3	紧急按钮	通道 3	并联电阻
防区 4	微波和被动红外探测器	通道 4	串联电阻
防区 5～8	空	空	并联电阻

三、系统编程及步骤

1.进入编程

输入 9876♯0（进入编程模式）。

2.系统编程

对照表 6-2-8，逐条逐步完成系统编程。

表 6-2-8　DS7400Xi 基本防区应用系统编程"地址及数值"

步骤	地址	数值	含义
1	0000	14	防区复位时系统复位，弹性旁路
2	0001	21	确定防区功能 1 为即时防区，连续报警
3	0002	22	确定防区功能 2 为 24 小时防区，连续报警
4	0003	23	确定防区功能 3 为延时 1 防区，连续报警

步骤	地址	数值	含义
5	0031	01	1 防区为即时防区,周界即时报警
6	0032	03	2 防区为延时 1 防区
7	0033	02	3 防区为 24 小时防区
8	0034	03	4 防区为延时 1 防区
9	0415	00	1、2 防区为自带防区
10	0416	00	3、4 防区为自带防区
11	0417	00	5、6 防区为自带防区
12	0418	00	7、8 防区为自带防区

编程操作步骤具体如下:

0000　　14♯　　防区复位时系统复位,弹性旁路

确定防区功能

0001　　21♯　　确定防区功能 1 为即时防区,连续报警

0002　　22♯　　确定防区功能 2 为 24 小时防区,连续报警

0003　　23♯　　确定防区功能 3 为延时 1 防区,连续报警

确定防区的防区功能

0031　　01♯　　1 防区为周界即时报警防区

0032　　03♯　　2 防区为延时 1 防区

0033　　02♯　　3 防区为 24 小时防区

0034　　03♯　　4 防区为延时 1 防区

防区特性设置

0415　　00♯　　1、2 防区为自带防区

0416　　00♯　　3、4 防区为自带防区

0417　　00♯　　5、6 防区为自带防区

0418　　00♯　　7、8 防区为自带防区

3.退出编程模式

退出编程模式,按"＊"键 4 秒退出。

四、系统调试

1.布防

不要触发任何探测器,操作人员静止,等待键盘显示各个探测器均准备,键盘第一个绿色对钩灯亮起,依次按下"1""2""3""4"＋"布防"键布防,长音之后代表布防成功。

2.撤防

系统撤防,按下"1""2""3""4"+"撤防"键即可。

任务评价

项目六任务二的任务评价,如表 6-2-9 所示。

表 6-2-9　项目六任务二的任务评价

评价项目	任务评价内容	分值	自我评价	小组评价	教师评价
职业素养	遵守实训室规章制度及文明使用实训器材	10			
	按实操流程规定操作	5			
	遵守纪律,提高团队协作能力	5			
理论知识	了解 DS7400Xi 主板基本防区应用系统,了解主板外围接口分布及特点	10			
	了解报警键盘、常用的有线探测器等接线要求,初步了解 DS7400Xi 编程基础知识	10			
实操技能	熟悉 DS7400Xi 主板外围接口情况,基本掌握有线探测器接线要求	30			
	熟悉 DS7400Xi 主板基本防区应用系统编程,掌握报警键盘编程操作	30			
总分		100			
个人学习总结					
小组评价					
教师评价					

任务三 DS7400Xi 防区扩充应用系统

任务准备

一、知识基础

通过任务二，我们知道 DS7400Xi 主板自带 8 个防区，对 DS7400Xi 基本防区（即最简系统）有了初步认识，同时掌握了 DS7400Xi V4.0 编程最基础的知识。

DS7400Xi 是大型报警设备，自带 8 个防区远远不够用，需要通过安装防区扩充模块（比如 DS7433）来扩充防区，达到 16 个防区的效果，具体情况如图 6-3-1 所示。

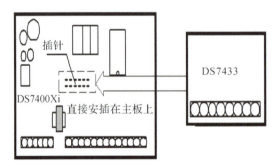

图 6-3-1 DS7433 防区扩充模块安装示意图

同样，DS7400Xi 也可以利用双总线 DS7436 连接无线接收器（比如 RF3222-CHI）来达到扩充防区的效果，具体情况如图 6-3-2 所示。

二、知识准备

1.DS7433/DS7432 防区扩充模块

DS7433/DS7432 均是 DS7400Xi 主机的 8 防区扩充模块。DS7400Xi 需扩充成 16 防区报警主机时，可以将 DS7433 直接安插在 DS7400Xi 主机上，此时 DS7430 不能同时使用。如果系统中有 DS7436 总线驱动器，那么，可以选择 DS7432 防区扩充模块，安装连接可参考图 6-3-1。

2.无线接收器 RF3222-CHI

BOSCH 的无线接收器 RF3222-CHI 实物参考图 6-1-11，无线接收器 RF3222-CHI 的信号接收频率采用 304MHz。RF3222-CHI 与 DS7436 接线如图 6-3-2 所示。

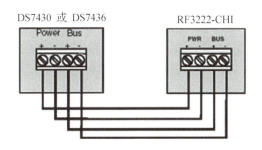

图 6-3-2　RF3222-CHI 与 DS7436 连接示意图

无线接收器 RF3222-CHI 最多支持接收 112 个 RF 信号。所以,DS7400Xi 主板同样最多可以接收 112 个无线设备的 RF 信号。无线门磁探测器和无线红外探测器属于无线 RF 信号发射设备,均有唯一的 ID 码(设备贴纸上),必须与 RF3222-CHI 相匹配。

RF3222-CHI 通过双总线 DS7436 连接,将 RF 信号传输给 DS7400Xi 主板,通过编程设置可以扩充 2 个无线防区(比如 137 防区和 138 防区),分别对应无线门磁探测器 HO-03F 的防区和无线红外探测器 RFPR-12 的防区。

3.分区编程

DS7400Xi 主机有 248 个防区,通过分区编程,可以分为 8 个独立的分区,248 个防区也可以设置到不同的分区,每个分区可独立进行布/撤防。

分区编程必须确定 3 个因素:①使用几个分区;②有无公共分区;③每个分区包含哪些防区。这 3 个因素都可在下列编程中予以确定。

(1)使用几个分区,有无公共分区

所谓公共分区,是指其他相关分区都布防,公共分区才能布防,而且公共分区先撤防,其他相关分区才能撤防。在编程地址 3420 中,第一个数据位确定使用几个分区,第二个数据位确定公共分区与其他分区的关系,具体情况如图 6-3-3 所示。若无特殊需要,一般不设公共分区,那么第二个数据位一般填 0。

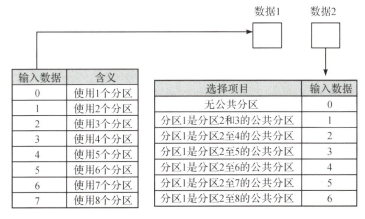

输入数据	含义
0	使用1个分区
1	使用2个分区
2	使用3个分区
3	使用4个分区
4	使用5个分区
5	使用6个分区
6	使用7个分区
7	使用8个分区

选择项目	输入数据
无公共分区	0
分区1是分区2和3的公共分区	1
分区1是分区2至4的公共分区	2
分区1是分区2至5的公共分区	3
分区1是分区2至6的公共分区	4
分区1是分区2至7的公共分区	5
分区1是分区2至8的公共分区	6

图 6-3-3　DS7400Xi 分区使用设置数值

（2）每个分区包含哪些防区

248 个防区设置到不同分区中,对应分区地址（0287～0410）,共 124 个地址,每个地址有 2 个数据位,共 248 个数据位,依次代表 248 个防区。在 248 个数据位中填入不同的数据,就表示系统的 248 个防区属于不同的分区,具体情况如图 6-3-4 所示。

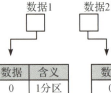

地址	数据位1含义	数据位2含义
0287	1防区	2防区
0288	3防区	4防区
0289	5防区	6防区
0290	7防区	8防区
……	……	……
0410	247防区	248防区

数据	含义
0	1分区
1	2分区
2	3分区
3	4分区
4	5分区
5	6分区
6	7分区
7	8分区

数据	含义
0	1分区
1	2分区
2	3分区
3	4分区
4	5分区
5	6分区
6	7分区
7	8分区

图 6-3-4 DS7400Xi 分区地址设置数值

例如:将 1、2、3 防区设为一分区,将 4、5、6 防区设为二分区。编程如下:

输入　　9876　　♯0（进入编程模式）

输入　　0287　　00♯（表示 1、2 防区设为 1 分区）

输入　　0288　　01♯（表示 3 防区设为 1 分区,4 防区设为 2 分区）

输入　　0289　　11♯（将 5、6 防区设为 2 分区）

按住"＊"键 4 秒,退出编程。

4.无线接收器设置及编程

（1）无线接收器的编程地址 2731

DS7400Xi 控制主机通过多路总线连接使用接收器 1 和接收器 2。主机必须对使用的接收器的数量和防区分配到接收器的情况进行编程,具体情况如图 6-3-5 所示。

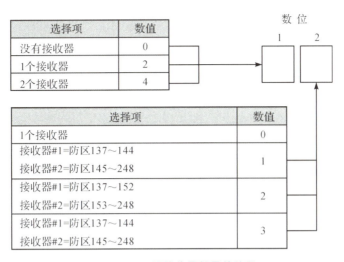

选择项	数值
没有接收器	0
1个接收器	2
2个接收器	4

选择项	数值
1个接收器	0
接收器#1=防区137~144 接收器#2=防区145~248	1
接收器#1=防区137~152 接收器#2=防区153~248	2
接收器#1=防区137~144 接收器#2=防区145~248	3

图 6-3-5 无线接收器数量的编程

数位 1:定义系统使用的接收器的数量为 0、1 或 2。

数位 2:防区分配到接收器 1 和接收器 2 的情况。如果仅仅使用一个接收器,数位 2 就必须编程为 0。如果编程使用了 2 个接收器,数位 2 就不能为 0。

(2)无线防区的编程

任何防区使用 RF 无线设备,在使用/激活这些无线设备之前,必须首先将那些防区编程为无线防区。它要与地址 2731 里的 RF 无线接收器的编程一起完成。步骤如下。

步骤 1:防区功能的编程使用主机出厂的设置。

步骤 2:将防区功能指定到防区里,编程地址为 0167~0278,具体情况如图 6-3-6 所示。

选择项	防区功能数值
不使用此防区	00
输入一个防区功能号	01~31

防区号	地址	防区功能预设值
137	0167	00
138	0168	00
139	0169	00
140	0170	00
141	0171	00
142	0172	00
143	0173	00
144	0174	00
145~248	0175~0278	00

图 6-3-6 无线防区功能数值

步骤 3:将无线防区类型指定到防区里,编程地址为 0483~0538,具体情况如图 6-3-7所示。

防区	地址
防区137~138	0483
防区139~140	0484
防区141~142	0485
防区143~144	0486
……	……

图 6-3-7　无线防区类型地址截图

当使用 RF 无线设备时,防区 129~136 暂时不用(备用),防区 137~248 仅仅可以作为无线防区,有线防区不能使用。

步骤 4:将防区指定到分区里,编程地址为 0355~0410,具体情况如图 6-3-8 所示。

防区	地址
防区137~138	0355
防区139~140	0356
防区141~142	0357
防区143~144	0358
……	……

图 6-3-8　无线防区分区地址截图

在无线防区分区分配时,每个防区被指定到一个分区。出厂预设值都属于分区 1。

单数防区的分区分配是在这些地址的第一个数位里编程。双数防区的分区分配是在这些地址的第二个数位上编程,如图 6-3-9 所示。例如,要将防区 137 分配到分区 1和将防区 138 分配到分区 2,则地址 0355 应编程为 01。

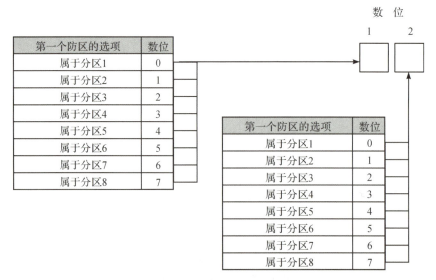

图 6-3-9　双数防区数值

（3）无线 RF 设备的编程

输入 9990＋[♯]，进入 RF 编程模式。

如果主机里编程了 RF 防区，RF 安装菜单将会显示以下信息：

```
Add RF Zone?
Press1
```

```
Test RF Zone?
Press2
```

```
Remove RF Zone?
Press3
```

按"1"键选择"Add RF Zone"。

如果已经增加了所有的 RF 防区，将会显示以下信息：

```
Last RF Zone
Press Off
```

如果存在一些可以增加的防区，将会显示以下信息：

```
RF Zone###
Press#
```

防区号将会显示可以增加的最低的防区号，如果没有无线设备已经编程，防区号将为 130。防区 130～134 用作无线键盘，而防区 137～248 用作其他无线 RF 设备。在键盘上按"On"键查看可以增加的防区的号码。

当所需的防区号显示时，按"♯"键确认，而显示的信息如下：

```
Enter ID Zn ###
```

此时，输入设备上 ID 贴纸的 9 位数的号码，按"♯"键确认。系统将在键盘上发出"哔"一声鸣叫以确认接收此设备，并显示以下信息：

```
Added Zone ###
Press On
```

此时按"On"键，系统到下一个可以增加的防区号，如果没有防区可以被增加时，显示"No Zones To Add Press Off"（没有防区可以被增加，请按"Off"键退出）的信息。

按"2"键选择"Test RF Zone"。

如果系统里已经有 RF 防区，将显示第一个可以测试的 RF 防区的信息：

```
Test Zone ###
Press #
```

按"♯"键可以进行所显示的防区的测试，或按"On"键跳到其他防区。当选择了一个防区，显示会提醒要激活/启动防区设备，产生一个报警可以激活/启动防区设备。

```
Zone xxx
Activate Point
```

将会显示测试的数值：

```
Zone xxx xxxxxxx
P:xx L:xxx A:xxx
```
← Good
Marginal
Relocate

任务实施

一、器材准备

依据 DS7400Xi 防区扩充应用系统实训要求，按表 6-3-1 准备实训器材并进行检测。

表 6-3-1　DS7400Xi 防区扩充应用系统实训器材准备

序号	器材名称	型号或规格	数量	参考图片
1	报警主板	DS7400Xi	1	
2	总线驱动器	DS7436	1	
3	报警键盘	DS7447	1	
4	8 防区扩充模块	DS7433	1	
5	8 防区扩充模块	DS7432	1	
6	红外对射探测器	ABT-100	1	

续 表

序 号	器材名称	型号或规格	数量	参考图片
7	幕帘式红外探测器	LH-912	1	
8	微波和被动红外双鉴探测器	LH-914C	1	
9	玻璃破碎探测器	LH-501	1	
10	紧急按钮	HO-01B	1	
11	无线接收器	RF3222-CHI	1	
12	无线门磁探测器	HO-03F ID:038071908	1	
13	无线红外探测器	RFPR-12 ID:047198391	1	
14	声光报警器	HC-103	1	
15	直流电源	DC 12V/18V	1	
16	配套模块	模块 A、B、C、D	各 1	略

二、确立系统防区扩充方案

DS7400Xi 系统防区扩充,采用模块不同,达到的效果也不同,选择方案非常重要。

其一,总线驱动 DS7436 和防区扩充 DS7433 均要求直接安插在 DS7400Xi 主板同一个位置上,它们不能同时使用。而总线驱动 DS7436 对于大型环境的重要性不言而喻。

其二,考虑无线接收器 RF3222-CHI 需要和总线驱动 DS7436 连接,才能给 DS7400Xi 主板传输信号。而无线接收器 RF3222-CHI 可以扩充更多防区,使用更加方便。

所以,在总线驱动器 DS7436 条件下,选择 DS7432 和无线接收器 RF3222-CHI 来实训防区扩充操作项目,具有较好的实用价值。而 8 防区扩充模块 DS7433 留作课后自主学习。

三、系统连线及操作步骤

根据图 6-1-1 和图 6-2-2,根据任务三要求,系统接线要求如下:

根据图 6-2-7 和图 6-2-8,完成无线接收器 RF3222-CHI、无线门磁探测器 HO-03F、无线红外探测器 RFPR-12 等的布局、安装和接线端口技术处理(制作插口,插线连接)。

根据图 6-2-5,采用插线将 DS7447 报警键盘 R、B、G、Y 与 DS7400Xi 主板 13、14、15、16 接口连接。

根据图 6-3-2,采用插线将 DS7432 的 R、B、G、Y 和 RF3222-CHI 的 R、B、G、Y 分别与总线驱动器 DS7436 的 R、B、G、Y 连接。RF3222-CHI 接收的 RF 信号通过 DS7436 传输给 DS7400Xi 主板,起到无线扩充防区的效果。

根据表 6-3-2,采用插线将各探测器信号端与模块 C 通道一一对应连接。

根据图 6-2-2 和表 6-3-2,DS7400Xi 自带第 1~3 防区直接与模块 C 第 1~3 通道一一对应连接。DS7432 扩充防区第 9、10 防区直接与模块 C 第 9、10 通道一一对应连接。其余防区均为空防区,用并联电阻做好防护。

表 6-3-2 DS7400Xi 扩充防区应用系统"防区与探测器"对照

防区	探测器	模块 C 通道	电阻接法
防区 1	红外对射探测器	通道 1	串联电阻
防区 2	动态红外探测器	通道 2	串联电阻
防区 3	紧急按钮	通道 3	并联电阻
防区 4~8	空	空	并联电阻
防区 9	微波和被动红外探测器	通道 9	串联电阻
防区 10	玻璃破碎探测器	通道 10	串联电阻

续　表

防区	探测器	模块 C 通道	电阻接法
防区 11～16	空	空	并联电阻
防区 137	无线门磁探测器	无线接收器 RF3222-CHI 管理无线防区	
防区 138	无线红外探测器		

四、系统编程及步骤

设置 DS7432 扩充防区为第 9～16 防区,拨动开关 1～4open,5close。

1.进入编程

输入 9876♯0,进入编程模式。

2.系统编程

对照表 6-3-3,逐条逐步完成系统编程。

表 6-3-3　DS7400Xi 扩充防区应用系统编程"地址及数值"

步骤	地址	数值	含义
1	0000	14	防区复位时系统复位,弹性旁路
2	0031	03	1 防区为即时防区(周界报警)
3	0032	01	2 防区为延时 1 防区
4	0033	07	3 防区为 24 小时防区
5	0039	02	9 防区为延时 2 防区
6	0040	03	10 防区为即时防区
7	0415	00	1、2 防区为自带防区
8	0416	00	3、4 防区为自带防区
9	0419	11	9、10 防区为 DS7432 防区
10	0167	06	137 无线防区为内部即时,连续报警
11	0168	06	138 无线防区为内部即时,连续报警
12	2731	20	设置无线接收器 RF3222-CHI
13	0483	00	137、138 防区为无线接收器防区
14	0287	00	1、2 防区为 1 分区
15	0288	00	3、4 防区为 1 分区
16	0291	11	9、10 防区为 2 分区
17	0355	22	137、138 防区为 3 分区
18	9990		进入无线编程模式

编程操作步骤具体如下：

0000　　14♯　　防区复位时系统复位,弹性旁路

确定防区的防区功能

0031　　03♯　　1 防区为周界即时报警防区

0032　　01♯　　2 防区为延时 1 防区

0033　　07♯　　3 防区为 24 小时防区

0039　　02♯　　9 防区为延时 2 防区

0040　　03♯　　10 防区为即时防区

防区特性设置

0415　　00♯　　1、2 防区为自带防区

0416　　00♯　　3、4 防区为自带防区

0419　　11♯　　9、10 防区为 DS7432 防区

增加无线防区

0167　　06♯　　137 无线防区为内部即时,连续报警

0168　　06♯　　138 无线防区为内部即时,连续报警

2731　　20♯　　设置无线接收器 RF3222-CHI

0483　　00♯　　137、138 防区为无线接收器防区

分区设置

0287　　00♯　　1、2 防区为 1 分区

0288　　00♯　　3、4 防区为 1 分区

0291　　11♯　　9、10 防区为 2 分区

0355　　22♯　　137、138 防区为 3 分区

无线编程模式

9990　　1　　按"布防"键切换到 137(注:这里"布防"键代表"On"键)

　　　　♯　　增加防区 137,输入无线门磁探测器 ID:038071908

　　　　♯　　按"布防"键切换到 138

　　　　♯　　增加防区 138,输入无线红外探测器 ID:047198391

　　　　♯　　按"撤防"键返回菜单(注:这里"撤防"键代表"Off"键)

　　　　2　　测试 RF

　　　　♯　　测试无线门磁探测器 137 防区

　　　　♯　　测试无线红外探测器 138 防区

　　　　♯　　按"撤防"键返回菜单

3.退出编程模式

退出编程模式,按"＊"键 4 秒退出。

五、系统调试

1.布防

不要触发任何探测器，操作人员静止，等待键盘显示各个探测器均准备，键盘第一个绿色对钩灯亮起，依次按下"1""2""3""4"+"布防"键布防，长音之后代表布防成功。

2.撤防

系统撤防，按下"1""2""3""4"+"撤防"键即可。

任务评价

项目六任务三的任务评价，如表 6-3-4 所示。

表 6-3-4　项目六任务三的任务评价

评价项目	任务评价内容	分值	自我评价	小组评价	教师评价
职业素养	遵守实训室规章制度及文明使用实训器材	10			
	按实操流程规定操作	5			
	遵守纪律，提高团队协作能力	5			
理论知识	了解 DS7400Xi 主板防区扩充原理，以及 DS7432 和无线接收器 RF3222-CHI 原理	10			
	了解无线接收器、无线探测器接线要求，以及防区扩充编程相关知识	10			
实操技能	熟悉 DS7400Xi 防区扩充应用系统防区扩充及接线	30			
	掌握常用探测器、无线探测器和无线接收器接线及系统编程	30			
总分		100			
个人学习总结					
小组评价					
教师评价					

任务四　DS7400Xi 监控软件应用系统

任务准备

知识基础

1.辅助总线输出编程(4019~4020)

DS7400Xi 使用串口 DS7412 和计算机之间连接或与继电器输出模块连接时都要使用辅助总线输出接口。这里需要确定串口 DS7412 是否使用辅助总线输出接口的速率、数据流。

(1)串口 DS7412 使用设置

地址 4019 双数据位确定串口 DS7412 是否使用,具体情况如图 6-4-1 所示。编程地址 4019 的出厂值为 07,即不使用 DS7412 串口通信。DS7400Xi 主机使用串口 DS7412 和计算机连接时,工作模式通常可以设置为 17。

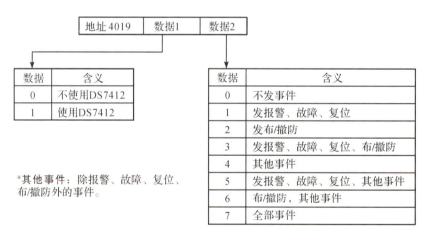

数据	含义
0	不使用DS7412
1	使用DS7412

*其他事件:除报警、故障、复位、布/撤防外的事件。

数据	含义
0	不发事件
1	发报警、故障、复位
2	发布/撤防
3	发报警、故障、复位、布/撤防
4	其他事件
5	发报警、故障、复位、其他事件
6	布/撤防、其他事件
7	全部事件

图 6-4-1　DS7412 使用设置

(2)辅助总线输出接口数据流持久性设置

使用 DS7412 和计算机连接或与打印机相连,或使用继电器输出模块,必须确定输出数据的速率及数据流持久性。编程地址 4020 输入的数据还需要和计算机或打印机配合确定。DS7400Xi 主机使用串口 DS7412 和计算机连接时,一般建议通信速率为 2400b/s,考虑 CMS7000 远程监控软件使用情况,通常会设置为 20,具体情况如图 6-4-2 所示。

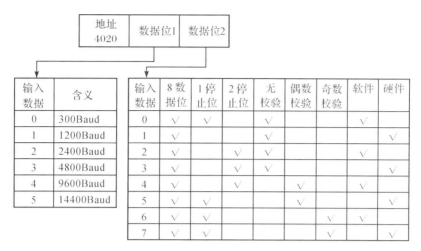

地址 4020	数据位1	数据位2

输入数据	含义
0	300Baud
1	1200Baud
2	2400Baud
3	4800Baud
4	9600Baud
5	14400Baud

输入数据	8数据位	1停止位	2停止位	无校验	偶数校验	奇数校验	软件	硬件
0	√	√		√			√	
1	√			√				√
2	√		√	√			√	
3	√		√	√				√
4	√		√		√		√	
5	√				√			
6	√	√				√		
7	√	√				√		√

图 6-4-2　DS7412 数据流持久性设置

2.CMS7000 基本操作

(1)CMS7000 所有功能可以通过系统菜单实现,系统菜单如图 6-4-3 所示。

图 6-4-3　CMS7000 系统菜单

(2)CMS7000 常用功能可以通过工具栏按钮实现,工具栏如图 6-4-4 所示。

图 6-4-4　CMS7000 工具栏

(3)CMS7000 操作员权限管理。CMS7000 可以给予不同操作员以不同的操作权限,并且记录所有操作发生的时间与操作员,以增强系统的安全性。操作员权限管理界面如图 6-4-5 所示。

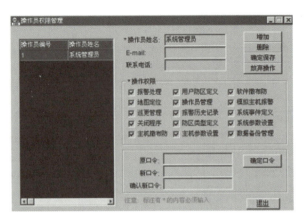

图 6-4-5　操作员权限管理界面

（4）防区类型设置。防区类型又称警区类型,防区类型名称用来区别不同类型的防区,具体情况如图 6-4-6 所示。

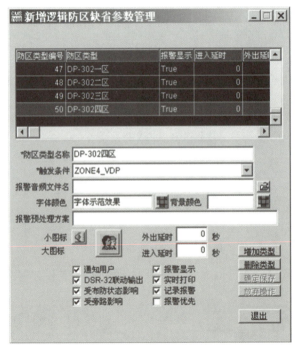

图 6-4-6　防区类型设置界面

CMS7000 有多种类型的防区,其中包括巡更防区、布/撤防开关、DS VDP 巡逻。布/撤防开关是特别处理的防区,它们只能进行特殊操作。巡更防区的报警事件将被作为巡更检查信号,布/撤防开关的报警事件将作为对其他防区的布/撤防命令处理。

触发条件就是当报警主机接收到传感器的信号后,会根据报警主机的参数设置来决定是否应该产生报警。

（5）报警主机参数。报警主机参数主要是指设置计算机与 DS7400Xi 报警主机的通信参数,为了便于管理报警主机,还可设置报警主机名称、主机管理员及联系方式等参数,具体情况如图6-4-7所示。

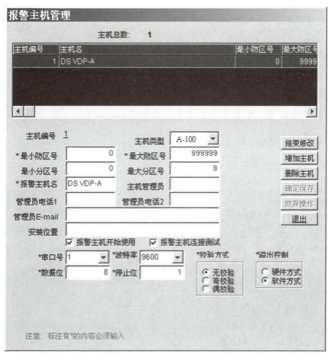

图 6-4-7 报警主机管理界面

（6）用户管理。逻辑防区对应 DS7400Xi 报警主机的实际防区,逻辑防区的所有者是用户,用户可以拥有多个逻辑防区,而且这些逻辑防区可以不在同一台 DS7400Xi 报警主机上。不同用户可以组成用户组以便于进行布/撤防管理,具体情况如图 6-4-8 所示。用户组主要设置用户组名称,所有用户都必须属于某个用户组,具体情况如图 6-4-9所示。

图 6-4-8 用户组管理界面

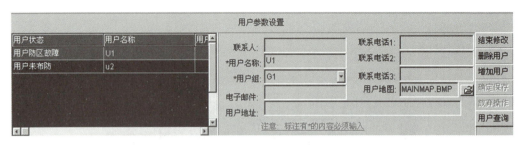

图 6-4-9　用户管理界面

(7)防区管理。防区是 CMS7000 进行报警管理的核心。防区参数值大多数会沿用防区类型中设置的缺省值,但这些值可以进行修改。也就是说,同一类型的防区可以有不同的属性,具体情况如图 6-4-10 所示。

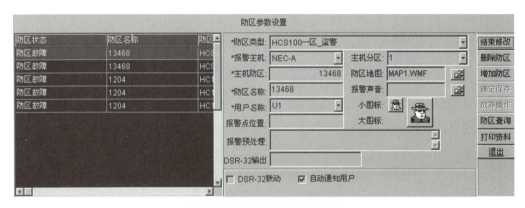

图 6-4-10　防区参数设置界面

(8)报警监控管理。CMS7000 可以通过状态表监控用户和防区的状态。通过鼠标右键的弹出菜单可以切换不同的监控方式。CMS7000 也可以切换到地图监控方式,具体情况如图 6-4-11 所示。

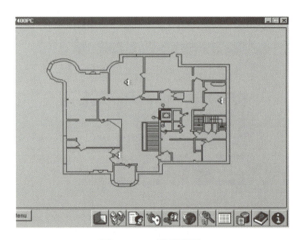

图 6-4-11　地图监控

如果用户或逻辑防区指定了地图文件,并且已经定位在地图上,则可以通过监控地图了解用户或防区基本状态,一次只能监控一张地图,具体监控哪张地图取决于是否当报警地图或地图定位联动。

(9)布/撤防管理。布/撤防是安全系统使用中的一个重要概念,有些防区只有在布防状态下,传感器被触发才产生报警,撤防状态下的触发不会产生报警,具体情况如图6-4-12所示。而有些类型的报警无论布/撤防状态如何,被触发时都会产生报警。例如,火警传感器无论布/撤防状态如何,一旦被触发都应该报警。

DS7400Xi 报警主机具有对报警主机防区的布/撤防功能,但只能以主机分区为单位进行,主机分区布/撤防影响 CMS7000 相应防区状态,DS VDP 用户布/撤防也影响相应防区。

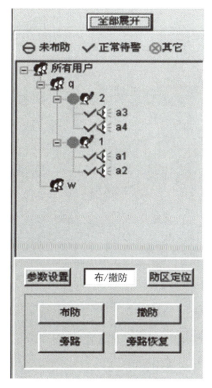

图 6-4-12 布/撤防管理

(10)处理报警显示界面。当防区的报警消息或系统事件显示在报警窗口时,双击报警列表中相应的消息将弹出详细资料显示窗口并需要进行处理确认,具体情况如图6-4-13 所示。处理方案是预先设置的,处理结果需要操作员根据实际处理结果输入,单击"确定处理"按钮对当前报警进行处理。

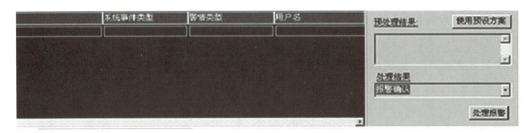

图 6-4-13　处理报警显示界面

(11)报警历史记录管理。历史记录库中保存了报警事件记录、系统事件记录和操作员操作记录,它们显示在当前记录表中,既可以同时显示,也可以分类显示,如图 6-4-14 所示。

图 6-4-14　报警历史记录显示

历史记录查询窗口提供了查询历史记录的各项条件,用户既可以在当前历史数据库中查询,也可以选择某个月份库在当前数据库和指定月份库中查询,还可以在全年的历史记录中查询,但不能任意选择多个月份库组合查询,具体情况如图 6-4-15 所示。

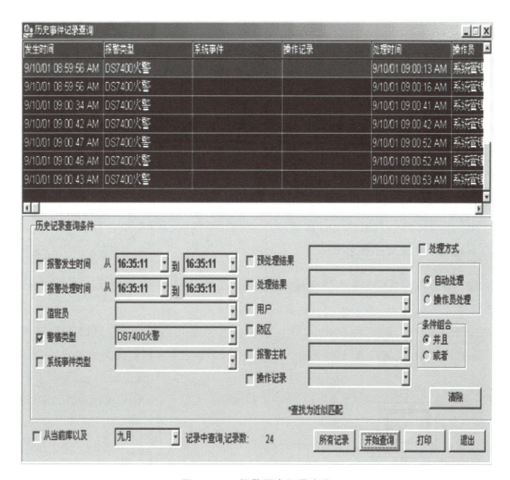

图 6-4-15 报警历史记录查询

任务实施

一、器材准备

依据 DS7400Xi 基本防区应用系统实训要求，按表 6-4-1 准备实训器材并进行检测。

表 6-4-1 DS7400Xi 基本防区应用系统实训器材准备

序号	器材名称	型号或规格	数量	参考图片
1	DS7400Xi 基本防区应用系统	任务二 基本配置	1套	参考任务二
2	串口通信	DS7412	1个	

续　表

序号	器材名称	型号或规格	数量	参考图片
3	DS7400Xi 监控软件	CMS7000	1	BOSCH Security Systems CMS7000
4	计算机	Windows 7	1	略

二、系统接线及操作步骤

首先检查 DS7400Xi 基本防区应用系统（详见项目六任务二）的系统接线情况，确保系统能正常运行。

按照图 6-4-16 所示，将 DS7400Xi 主板通过 RS232 接口模块 DS-7412 与计算机连接。示意图中的 R、B、G、Y 就是图 6-2-2 中的 9、10、11、12 主板辅助总线输出接口。

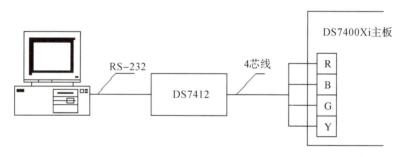

图 6-4-16　DS7400Xi 与计算机连接示意图

启动 Windows 7 系统，安装 RS-232 串口驱动，并设置串口连接端口的通信参数。

在 Windows 7 系统中安装 CMS7000 软件。

打开 CMS7000 软件后，对照 CMS7000 基本操作，操作步骤如下：

（1）按照图 6-4-5 所示（操作员权限管理界面）增加操作员；

（2）按照图 6-4-7 所示（报警主机管理界面），增加 DS7400Xi 主机，并检查计算机与主机的通信情况，然后设置主机通信、报警主机名称、主机管理员等参数；

（3）按照图 6-4-8 和图 6-4-9 所示增加用户管理；

（4）按照图 6-4-10 所示（防区参数设置界面），分别增加防区 1～4，名称与实际防区相一致，防区类型在系统中选择。

三、系统调试

(1)查看通信接口监控,检查通信情况。

(2)按图 6-4-12 所示(布/撤防管理)进行 CMS7000 软件中的布/撤防操作,并触发防区 1～4 探测器信号,查看报警信息。

(3)按图 6-4-13 所示(处理报警显示界面),对已经触发的报警信息进行处理。

(4)按图 6-4-14 和图 6-4-15 所示,对报警历史记录进行查看和查询。

任务评价

项目六任务四的任务评价,如表 6-4-2 所示。

表 6-4-2　项目六任务四的任务评价

评价项目	任务评价内容	分值	自我评价	小组评价	教师评价
职业素养	遵守实训室规章制度及文明使用实训器材	10			
	按实操流程规定操作	5			
	遵守纪律,提高团队协作能力	5			
理论知识	了解 DS7400Xi 与计算机连接示意图,了解 DS7412 接口模块 RS-232 通信原理	10			
	了解 CMS7000 基本操作知识	10			
实操技能	掌握 DS7400Xi 主板通过 RS-232 接口模块 DS7412 与计算机连接,并掌握 RS-232 接口驱动安装与通信设置	30			
	掌握 CMS7000 基本操作	30			
总分		100			
个人学习总结					
小组评价					
教师评价					

练习与思考

一、填空题

1. DS7400Xi 是一种多功能、可灵活使用、可靠的控制通信主机,它自带_____个基本防区,以 MUX 总线(2 芯线)可扩展至_____个防区,支持_____个无线防区。可接_____个键盘,可分为_____个独立分区,可分别独立布/撤防。

2. 红外探测器就是利用_____效应和_____效应(红外线能量辐射接收装置),将入射的红外辐射信号转变成电信号输出的器件。

3. DS7436 是 DS7400Xi 主板的_____驱动器,是 DS7400Xi 主板与各种_____模块之间的接口设备。

4. 红外对射探测器由_____发射器和_____接收器组成,发射器和接收器分置安装,利用红外线_____特性做入侵探测,在发射器和接收器之间形成一道红外光束警戒线,当入侵者跨越该警戒线时,接收器因红外光束被完全遮断而发出报警信号。

5. 操作 DS7447 报警键盘进入 DS7400Xi 编程模式的密码是_____。恢复出厂模式的指令是_____。进入无线编程模式的指令是_____。

6. RF3222-CHI 接收器最多支持_____个键盘和_____个遥控器或无线探测器。RF3222-CHI 的信号接收频率为_____MHz。无线接收器的编程地址是_____。

7. 当使用 RF 无线设备时,防区_____暂时不用(备用),防区_____仅仅可以用作为无线防区,有线防区不能使用。

8. DS7400Xi 主板通过_____接口模块_____与计算机连接时,辅助总线输出的编程地址是_____和_____。

二、简答题

1. 简述 DS7400Xi-CHI 报警控制系统的基本配置。

2. 举例简述 DS7400Xi-CHI 基本防区应用系统的组成。

3. 简述 DS7400Xi-CHI 扩充防区的方法,需阐述 2~3 种方案。

参考文献

[1] 李哲英.电子信息工程概论[M].北京:高等教育出版社,2011.

[2] 李秀玲.电子技术基础项目教程[M].北京:机械工业出版社,2008.

[3] 郭志勇.电子技术项目教程(Proteus 版)[M].北京:中国水利水电出版社,2014.

[4] 官伦,王戈静.传感器检测技术及应用[M].重庆:重庆大学出版社,2013.

[5] 栾秋平.单片机技术及应用项目教程[M].北京:电子工业出版社,2019.

[6] 王海荣,程思宁.单片机原理与应用设计[M].北京:人民邮电出版社,2021.

[7] DS7400(V4.0)DS7400Xi 报警主机编程使用手册.迪信安保器材(香港)有限公司,2013.

[8] DS7400Xi-CHI(4＋)报警主机编程使用手册——无线部分.罗伯特·博世有限公司,2012.

[9] CMS7000 用户手册.罗伯特·博世有限公司,2012.

[10] BA2000 防盗报警系统实训指导书.浙江中控科教仪器设备有限公司,2016.